Lonsbach · Friedrich Nietzsche und die Juden

RICHARD MAXIMILIAN LONSBACH

FRIEDRICH NIETZSCHE UND DIE JUDEN

EIN VERSUCH

zweite, um einen Anhang und
ein Nachwort erweiterte Auflage
Herausgegeben von
Heinz Robert Schlette

1985

BOUVIER VERLAG HERBERT GRUNDMANN

CIP-Kurztitelaufnahme der Deutschen Bibliothek
LONSBACH, RICHARD MAXIMILIAN: Friedrich Nietzsche und die Juden: e. Versuch / Richard Maximilian Lonsbach. – 2., um e. Anh. u. e. Nachw. erw. Aufl. / hrsg. von Heinz Robert Schlette. – Bonn: Bouvier, 1985
Vw.: Cahen, Richard Maximilian [Wirkl. Name] → Lonsbach, Richard Maximilian

ISBN 3-416-01918-0

 Printed in Germany. Portraitfoto Nietzsches auf dem Umschlag: Ullstein Bilderdienst. Druck und Einband: Druckerei Plump KG, Rheinbreitbach

INHALT

Dem Andenken meines Vaters

DER Wandel, den das Nietzsche-Bild seit seinem Tode in der Literatur durchlebt hat, hat erst im Laufe der Zeit dazu geführt, in Nietzsche einen Kulturphilosophen höchsten Ranges zu erblicken. Die proteische Natur des Meisters selbst, dieses „Odysseus des Geistes", wie ihn sein Freund Peter Gast einmal nannte, mag dazu geführt haben, immer wieder neue Seiten der Nietzsche'schen Persönlichkeit zu beleuchten und aufzuzeigen. Dieser Irrwisch von Genie hat es seinen Deutern nicht leicht gemacht, und wird es ihnen weiter nicht leicht machen. Alois Riehl hat als erster die Bedeutung Nietzsches als Kulturphilosoph erkannt, aber eine schlüssige und tiefgreifende Untersuchung über den Kulturphilosophen Nietzsche, wie wir sie Klages über den Psychologen verdanken, fehlt noch heute. Die Arbeit Bubnoffs „Friedrich Nietzsches Kulturphilosophie und Umwertungslehre" ist völlig unzureichend. Man mag diesen Mangel an Erkenntnis in bezug auf die kulturphilosophischen Taten Nietzsches damit zu rechtfertigen suchen, daß die Zeit selbst hierfür noch nicht gekommen war. Die Erkenntnis des Wesens und der Leistungen eines genialen und schöpferischen Denkers wird nicht zum wenigsten durch die Inhalte einer Zeit bestimmt, in welcher man sich seinem Gesamtwerk naht. Die Beurteilung und Wertung des Aristoteles im Laufe der Jahrhunderte hat dies deutlich gezeigt. Wenn wir heute in Nietzsche klarer als je den Kulturphilosophen erkennen, so kommt uns hierbei die Zeit aufs lebendigste entgegen. Unsere Gegenwart hat wie keine andere den Primat der Kulturphilosophie begründet; sie hat die Kulturphilosophie geradezu in den Mittelpunkt der Problematik der Zeit gestellt. Die neuen Ideologien, die in ihrer dynamischen Auswirkung das Schicksal unzähliger Zeitgenossen aufs stärkste gestalten, sind ohne die Kenntnis der kulturphilosophischen Strömungen des letzten halben Jahrhunderts nicht zu verstehen, und es wird kein Hehl daraus gemacht, daß es Kulturphilosophen und Parakulturphilosophen waren und sind, welche die Pforten alter Weltanschauungen erbrachen und nun an diesen Pforten mit gezückten Schwertern über ihre neugefundenen Wahrheiten Wache halten. Innerhalb dieser entscheidenden Kulturphilosophen steht Friedrich Nietzsche als Paraklet unserer Epoche. Wir sind hier erst an einem Anfang. Die geistige Auseinandersetzung hat noch kaum begonnen, wenn auch die Ereignisse selbst sich schon überstürzt haben; aber die Verfechter und Anhänger der neuen Ideologien benennen als Ahnherrn ihrer neuen Theorien und weltanschaulichen Gesichte neben Machiavell und Sorel vor allem Nietzsche selbst. So führt die Besonderheit der geschichtlichen Entwicklung, Friedrich Nietzsche, der sich selbst einst als ein Schicksal empfand, in den Blickpunkt des geistigen Schlachtfeldes unserer Zeit.

Selbst dem oberflächlichen Leser Nietzsches mußte es aufgefallen sein, daß bei ihm Betrachtungen über die Juden, das Judentum und alle kulturellen Probleme, die damit im Zusammenhang stehen, sein Gesamtwerk in einem so starken Maße überlagern, das nicht mehr zufällig genannt werden kann. In der Tat gehören die Ansichten und Gedanken Nietzsches über die Juden und ihre philosophischen Auswertungen zu einem gewaltigen kulturphilosophischen Gesamtplan, als welchen, obwohl Fragment geblieben, der geistige Diktator Nietzsche sein Werk aufgefaßt sehen wollte. Und wie es Zeiten gab, in welchen zum Beispiel die Gedanken Nietzsches über Liebe und Ehe, über Moral und Höherzüchtung des Menschen im Vordergrundinteresse standen, so ergibt sich für unsere Gegenwart, ohne daß es eines weiteren Beweises bedürfte, daß gerade in der Temperatur unserer Tage die Gedanken Nietzsches über die Juden stärker in das Blickfeld rücken, so wie je nach dem Druck der Atmosphäre verschiedene Gestalten aus dem Wetterhause hervortreten. Wenn man die überaus umfangreiche Nietzsche-Bibliographie von über fünftausend Bänden durchprüft, so findet man darin ungefähr alles, was mit dem Nietzsche'schen Gesamtwerk zusammenhängt und darüber gesagt werden kann. Aber in derselben Bibliographie, in der man unter anderem sogar eine Abhandlung entdeckt, in welcher die Philosophie und Ethik Nietzsches mit der Haltung und den Charakteren der Romanhelden Karl Mays verglichen wird, findet sich keine Arbeit, die unser Thema inhaltlich zum Gegenstand hätte. Hat man es übersehen? Das ist nicht anzunehmen. Aber ein anderer Gedanke drängt sich gebieterisch auf und zwar der, daß man mit Absicht vermieden hat, ein so delikates Thema zu berühren. Die Frage nach den Juden gehörte in einer vergangenen Zeit — zum Schaden aller — zu den europäischen Pudeurs. Die Wissenschaft ist nie so frei, wie sie sich wähnt, und nie so unfrei, wie man sie oft gerne sehen möchte. Aber gerade jenes übermütige Maß von Freiheit, jenes großartige geistige Sichausleben im Werk Nietzsches sind es gerade, was ihm seinen Ewigkeitswert gibt, und ist zugleich ein Postulat an alle, die sich ihm kritisch nähern. Objektivität der Wissenschaft ist eine Forderung, die kleinere Geister immer wieder erheben, weil sie dieser gleichsam als Autosuggestion und Stimulans für ihr eigenes Schaffen bedürfen. Der große Schriftsteller vom Typus eines Nietzsche aber trägt diese Objektivität als Seelenlage in sich. Er kann garnicht anders sein wie objektiv, und gerade sein Maß an Subjektivsein bedeutet zugleich den höchsten Maßstab für wissenschaftliche Objektivität schlechthin. So beobachten wir in der Literatur über unser Thema, soweit sie überhaupt vorhanden ist, die seltsamsten und oft groteskesten Widersprüche, und es war den Bearbeitern, die aus dem großartigsten aphoristischen Gesamtwerk aller Zeiten schöpfen konnten, nur allzu leicht gemacht, das ihnen Gemäße, Genehme und Gefällige sich herauszupflücken. Und wahrlich, sie erlagen der Versuchung. Wir finden Zeitungsaufsätze, in denen von jüdischer Seite der Versuch gemacht wird, Nietzsche als eine Art Philosemiten biedermännischer Prägung hinzustellen. Wir finden andere Zeitungsaufsätze aus jüngster Zeit, in welchen auf dieselbe Weise Nietzsche zu einem Antisemiten und Judenverächter zu stempeln unternommen wird. Wesentlicher erscheint das befremdende Urteil eines hervorragenden Nietzschekenners wie C. A. Bernoulli, der die Meinung ausspricht, Nietzsche sei noch weit mehr als ein Antisemit, er sei über den eigentlichen Antisemitismus schon hinaus [1]). Dieses Urteil ist genau so abwegig und irreführend, wie die tendenziöse und gut- oder schlechtgemeinte Artikelschreiberei der vielen, die annehmen, der Leser kenne das Gesamtwerk Nietzsches ebensowenig wie sie selbst. In Wahrheit sehen wir in Nietzsche, besonders wenn wir seine Gedanken über unser Thema mit der einschlägigen Schmutz- und Schundliteratur alter, neuerer und neuester Zeit vergleichen, einen der größten und tiefsten Kritiker der Juden, und so erscheint es als eine unabdingbare Pflicht, den Versuch zu machen, der kulturphilosophischen Schau eines wirklich Großen über unser Problem nachzuspüren.

Wenn wir nun unter den brennenden Auspizien der Gegenwart versuchen, unser Thema im gegebenen Rahmen neu und im Grunde doch zum erstenmal zu gestalten, so ist dies nicht ohne Reiz und Gefahr. Aber dürfte irgendjemand, der gerade über Nietzsche zu schreiben unternimmt, es wagen, dem Reiz und den Gefahren des Lebens und des Denkens auszuweichen?

ANALYSE

> Viele Länder sah Zarathustra und viele Völker: so entdeckte er vieler Völker Gutes und Böses.
>
> ZARATHUSTRA

WIR können im 19. Jahrhundert in bezug auf die indologischen Wissenschaften deutlich zwei Perioden unterscheiden. Im ersten Drittel des 19. Jahrhunderts beginnt im Anschluß an die Romantik auch die Renaissance der Sanskritforschung und damit der altindischen

Literatur. In dieser Periode erscheint die Betrachtung der Forschungsergebnisse noch völlig zweckentbunden. Die zweite Periode setzt im letzten Drittel des Jahrhunderts ein. In ihr werden die Erkenntnisse der indologischen Wissenschaft tendenziös ausgemünzt und zwar in der Art, daß das Arische dem Semitischen gegenüber bewußt ausgespielt wird. Die Indologie als Wissenschaft wird Rüstkammer für das, was sich gerade um die achtziger Jahre antisemitisch heißt, und der wissenschaftliche Antisemitismus ermangelte ohne die Ergebnisse der indologischen Forschung der wesenshaften Grundlage. Die Antisemiten aus Instinkt glaubten in der Indologie das wissenschaftliche Fundament für ihre Ansichten gefunden zu haben; und gerade in den Jahren, da Nietzsche auf der Höhe seines Schaffens stand, war diese Bewegung bereits auf einem Gipfel der Pseudowissenschaftlichkeit angelangt, die im Grunde von der Jetztzeit nicht überboten, vielmehr nur bis in ihre letzten Schlußfolgerungen ausgewertet worden ist. Es ist selbstverständlich, daß einem universellen Geist wie Nietzsche diese Kampagne nicht fremd geblieben war, auch daß er sie nicht ohne weiteres ignorierte, wie es viele achselzuckend taten, die kein Nietzsche waren, und so kam es, daß Nietzsche mit den Männern und Werken, die als Exponenten dieser Bewegung galten, sich auseinanderzusetzen die Pflicht fühlte. Er, der wie wir wissen sehr gewählt las, war mit der einschlägigen Literatur des sich wissenschaftlich gebärdenden Antisemitismus wohl vertraut. Daß er Gobineau gelesen hatte, ist angesichts der Bedeutung dieses Schriftstellers nicht zu verwundern, aber er hatte sogar die Schriften Lagardes aus der Basler Universitätsbibliothek entliehen und gelesen. Es war mehr als Orientierungsdrang, wenn Nietzsche sich um diese Dinge mühte. Es war Beschäftigung mit Fragen, die tief in sein eigenes Selbst führten. Es unterliegt keinem Zweifel, und wir können Nietzsche nicht voll würdigen, wenn wir nicht davon ausgehen, daß er, wenn auch nicht betont als Deutscher, so doch bewußt als Arier empfand. Sein Werk ist voll von Anspielungen, so daß es sich fast erübrigt darauf hinzuweisen, daß der Held seines Bekenntnisbuchs den Namen des iranisch-arischen Religionsstifters Zarathustra trägt, mit dem er sich in großartiger Weise identifiziert, um so gleichsam selbst der Stifter und Künder einer neuen Ordnung zu werden. Die arische Rasse erscheint ihm in einem weltmännischen Bilde als die „grande race"; sie ist „die bestausgestattete Rasse", Feststellungen und Wertungen, die in ihrer Lapidarität die wissenschaftlicher Wälzer turmhoch überragen. Mit einer aufrichtigen Freude und Verbundenheit erwähnt er öfters, daß er das große Gesetzbuch des Manu [2]), „das größte arische Gesetzbuch", gelesen habe, und jeder der weiß, daß gerade dieses Werk nicht leicht zu beschaffen ist, kann daraus unschwer herleiten, daß Nietzsche sich dem Studium der altarischen Literatur bewußt und aus Instinkt hingegeben hat. Nicht nur der Kulturphilosoph, gerade der Arier Nietzsche ist es, der das Christentum ablehnt:

> ...es ist die antiarische Religion par excellence: das Christentum die Umwertung aller arischen Werte... (XVII/98) [3]).

So wollte und konnte selbst ein Nietzsche sich den kulturphilosophischen Strömungen seines Zeitalters nicht entziehen. Aber nicht das Material entscheidet, sondern die Gehirne, durch welche dieses Material wandert. Ein Genie wertet anders wie ein Kärrner, und die kleine Genugtuung des Weltanschauungs-Propagandisten, der zu seiner eigenen handfesten Überzeugung eine Bestätigung in der Wissenschaft findet oder zu finden vermeint, um sich sofort einen Knüppel daraus zu schneiden, verwandelt sich bei einem Philosophen in ein umso tieferes Nachsinnen. Als der Verleger Fritsch, der geistige Mittelpunkt und Organisator des Antisemitismus von damals, sich an Nietzsche wandte, im Glauben, daß der Schöpfer des Zarathustra der wertvollste aller Bundesgenossen sei, und ihn um seine Mitarbeit bat, lehnte Nietzsche in zwei Briefen ab, die zu den stilistisch glänzendsten der gesamten deutschen Briefliteratur gehören. Die Zusendung der „Antisemitischen Korrespondenz", die der Kreis herausgab, und die man ihm ins Haus schickte, verbittet er sich. Seltsam fürwahr, der Wiedererwecker eines arischen Gottes war also kein Parteigenosse. Was wollte dieser Outsider, welchem Geheimnis diente er? Das Rätsel löst sich. Die Grundfarbe seiner kritischen Position spiegelt die Passage wieder, in welcher der Völkerpsychologe Nietzsche mit dem ganzen Zauber seiner Diktion die Juden zu den genialen Völkern zählt.

> Es gibt zwei Arten des Genies: eins, welches vor allem zeugt und zeugen will, und ein anderes, welches sich gern befruchten läßt und gebiert. Und ebenso gibt es unter den genialen Völkern solche, denen das Weibsproblem der Schwangerschaft und die geheime Aufgabe des Gestaltens, Ausreifen, Vollendens zugefallen ist — die Griechen zum Beispiel waren ein Volk dieser Art, insgleichen die Franzosen: — und andere, welche befruchten müssen und die Ursache neuer Ordnungen des Lebens werden — gleich den Juden, den Römern und, in aller Bescheidenheit gefragt, den Deutschen? (XV/206).

Was aber heißt Juden und Judentum? Nietzsche unterscheidet deutlich zwischen zwei Phasen der Entwicklung, dem antiken und dem modernen Judentum. Beide haben, was ihre geistige Struktur und ihre Menschen angeht, wenig miteinander gemein. Die Haltung Nietzsches dem antiken Judentum gegenüber wird aber durch seine Stellung zum Christentum entscheidend bedingt und überlagert. Über die ablehnende Haltung, die Nietzsche innerhalb seiner Gesamtphilosophie dem Christentum gegenüber einnimmt, ist so viel geschrieben worden, daß es sich erübrigt, hier schon Gedachtes zu wiederholen. Manches mag aber noch nicht gesagt sein. Der Kampf gegen das Christentum ist bei Nietzsche das, was im Reagenzglase bei der Probe auf eine neue Weltauffassung von selbst ausfällt. Das Christentum wird ihm zur Anti-Maskotte seines Gesamtwerkes. Die Rollen sind oft vertauscht, bald erscheint Nietzsche, bald der christliche Gedanke als der advocatus diaboli bei der geistigen Auseinandersetzung um die Revision der Weltanschauungen. So versteht es sich von selbst, was Nietzsche an das antike Judentum fesselt. Er nähert sich ihm nicht als Historiker, sondern als Religionspsychologe, der bis zu den Quellen des Christentums vordringen will. Hierbei waltet, stärker als sichere Kenntnisse einer so schwierigen Materie, die Intuition, die Nietzsche schon in der zweiten Unzeitgemäßen Betrachtung von dem Historiker zur Erhellung zurückliegender geschichtlicher Räume gefordert hatte, wie jeder das leicht von andern fordert, womit er selbst begnadet ist.

Was Nietzsche dem antiken Judentum vorwirft ist, daß das Christentum aus ihm entstanden sei. „Das Christentum ist emanzipiertes Judentum." Wie ist aber das Christentum aus dem Judentum entstanden? Hier kommt der Psychologe Nietzsche, der feinste Kenner des Ressentiment, zu einer der glänzendsten und gewagtesten Konstruktionen seines Gesamtwerks — einer Konstruktion, die späterhin Max Scheler zu widerlegen suchte — das Christentum ist aus dem jüdischen Ressentiment erwachsen. Das Judentum hat das Christentum dadurch zum Entstehen gebracht, daß es die Moral umwertete und an Stelle der Herrenmoral, der Moralität der Starken und Mächtigen, die Moral der Armen,

Kranken und Sklaven zu setzen suchte. Diesen Vorgang nennt der Sprachschöpfer Nietzsche „den Sklavenaufstand in der Moral."

> Der Sklaven-Aufstand in der Moral beginnt damit daß das Ressentiment selbst schöpferisch wird und Werte gebiert: Das Ressentiment solcher Wesen, denen die eigentliche Reaktion, die der Tat, versagt ist, die sich nur durch eine imaginäre Rache schadlos halten... (XV/295).

So erscheint ihm das Christentum aus dem Ressentiment des schwachen und geknechteten jüdischen Volkes geboren, „jenes priesterlichen Volkes des Ressentiment par excellence, dem eine volkstümlich-moralische Genialität sondergleichen innewohnte," denn das antike Judentum stellt das „moralische Genie unter den Völkern" dar, woraus sich für Nietzsche weiterhin ergibt, daß jüdische und christliche Moral dasselbe sind. Dieses Ressentiment-Judentum, das zum Christentum wird, kommt aus der jüdischen Diaspora, über die Nietzsche das Schönste zu sagen weiß, was je über das antike Judentum geschrieben worden ist.

> Die Realität, auf der das Christentum sich aufbauen konnte, war die kleine jüdische Familie der Diaspora, mit ihrer Wärme und Zärtlichkeit, mit ihrer im ganzen römischen Reich unerhörten und vielleicht unverstandenen Bereitschaft zum Helfen, Einstehen für einander, mit ihrem verborgenen und in Demuth verkleideten Neinsagen ohne Neid zu

allem, was obenauf ist und was Glanz und Macht für sich hat. (XVIII/131).

In der Entstehung des Christentums aus dem Ressentiment sieht Nietzsche die „welthistorische Bedeutung des Judentums". Als Führer dieser Bewegung aber, die über Paulus zur christlichen Kirche erwuchs, erscheint Nietzsche die Gestalt Jesus Christus. Es ist für ihn kein Zweifel, daß Christus Jude war, und mehr als das, er ist der Prototyp des geistigen Juden seiner Zeit [4]), und so sehr Nietzsche die Notwendigkeit erkannte, das Christentum als Weltanschauung zu bekämpfen — und wir haben Grund genug anzunehmen, daß es für ihn eine tragische war — so sehr ist er der Person seines Stifters zugetan. Christus erscheint ihm als der „reinste Mensch" aber er ist auch der „heilige Anarchist", der Revolutionär.

> Dieser heilige Anarchist, der das niedere Volk, die Ausgestossenen und „Sünder", die Tschandala innerhalb des Judentums zum Widerspruch gegen die herrschende Ordnung aufrief — mit einer Sprache, falls den Evangelien zu trauen wäre, die auch heute noch nach Sibirien führen würde, war ein politischer Verbrecher, so weit eben politische Verbrecher in einer absurd-unpolitischen Gemeinschaft möglich waren. Dies brachte ihn ans Kreuz... (XVII/202).

So wird ihm die Gestalt Christus zum Symbolträger der Krisis der antiken Welt und des Aufdämmerns neuer Wertgefühle schlechthin. In einer großartigen Stelle des

Ecce homo, die ihre Parallele in der glühenden Szene der Brüder Karamasow bei Dostojewski in der Unterredung zwischen Christus und dem Großinquisitor findet, läßt er die Gerichtsszene, in welcher Christus vor Pontius Pilatus steht, wieder aufleben. Hier erscheint ihm Pontius Pilatus, als Vertreter der römischen Herrenkaste und somit der Herrenmoral, ein Aristokrat, der den Worten Christus, er sei gekommen um die Wahrheit zu suchen, mit der ironisch-erstaunten Frage begegnet, was ist Wahrheit? Zwei Welten stehn sich gegenüber, die eine lebt in der naiv-stolzen Überzeugung, daß nur das Wahrheit sei, was sie als Wahrheit und Gesetz bestimmt; die andere, aus dem Ressentiment rührende, rüttelt an den Pforten dieser selbstgerechten und autokratischen Welt des Machtwillens. Eiskalt und fremd steht Pontius Pilatus, der Herrenmensch, einer neuen Art Mensch gegenüber, die — ihm unverständlich — eine neue Geistigkeit sucht, anstatt einfach das Leben zu leben. In dieser Szene gipfelt für Nietzsche das, was er den Kampf „Roms gegen Judäa, Judäas gegen Rom" nennt. Und diesen Kampf hat nach der — uns heute fast wie Ironie anrührenden — Meinung Nietzsches Judäa siegreich bestanden. In einer Passage von wahrhaft shakespearischer Wucht ersteht ihm die Vision des geistigen Sieges Judäas über den Machtstaat Rom.

> Wer von Ihnen einstweilen gesiegt hat, Rom oder Judäa? Aber es ist ja gar kein Zweifel: man erwäge doch, vor wem man sich heute in Rom selber als

vor dem Inbegriff aller höchsten Werte beugt — und nicht nur in Rom, sondern fast auf der halben Erde, überall, wo nur der Mensch zahm geworden ist oder zahm werden will — vor drei Juden, wie man weiß, und einer Jüdin (vor Jesus von Nazareth, dem Fischer Petrus, dem Teppichwirker Paulus und der Mutter des anfangs genannten Jesus, genannt Maria). Dies ist sehr merkwürdig: Rom ist ohne allen Zweifel unterlegen. (XV/312).

Während die großen zünftigen Historiker, zum Beispiel Eduard Meyer, die Entstehung des Christentums aus dem Gegensatz zwischen starrer Gesetzlichkeit und glühender Prophetie innerhalb des antiken Judentums herleiten wollen, erkennt Nietzsche somit das Emporkommen der christlichen Religion im Lebensneid einer kleinen geknechteten Minderheit gegenüber ihrem Unterdrücker. Die alte Sage von David und Goliath kehrt ins geistig-gleichnishafte gewandelt wieder. So wie ein Michelangelo in der Gestalt des Knabenhelden David, den Sieger über den ungeistig-grobschlächtigen Riesen, festgehalten hat, so sieht auch Nietzsche im Entstehen des Christentums aus dem Leibe des antiken Judentums den Sieg des geistigen über den Kraftmenschen. Aber Nietzsche hatte übersehen oder wollte nicht sehen, daß das Christentum nur eine von verschiedenen, konkurrierenden orientalischen Erlösungsreligionen war, dem es vorbehalten blieb durch besondere historische Fügungen den Sieg über die andern davonzutragen, und Nietzsche geht sogar so weit, in der Entstehung des

Christentums zugleich das Aufkommen der sozialen und sozialistischen Ideen zu wittern. Aber auch hier wollte Nietzsche übersehen, daß jeder Religionsstifter, wie auch fast jeder Begründer einer neuen politischen Ordnung sich zuerst der Armen, der wirtschaftlich Schwachen und der geistig und seelisch Zurückgebliebenen besonders annimmt. Nicht nur der Semit Christus sammelte die Armen um sich, auch Nietzsches Held, der Arier Zarathustra, wird im Avesta so schön „der Hirt der Armen" genannt. Aber noch ein anderes übersah Nietzsche im michelangelesken Aufriß seiner kulturphilosophischen Wertung. Die Tschandalawerte waren im antiken Judentum keineswegs überwiegend und primär. Der Begründer der europäischen Kulturphilosophie, der Italiener Vico, hatte schon im 18. Jahrhundert darauf hingewiesen, daß fast bei allen alten Völkern, und so auch bei den Juden das Vorhandensein einer Herrenrasse nachweisbar sei. Im gewaltigen Jäger Nimrod erkennt Vico den typischen Vertreter der Herrenrasse innerhalb des antiken Judentums [5]).

Aber auch Nietzsche ist sich bewußt, daß das antike Judentum nicht nur schwache, oder um mit ihm zu reden, „christliche Werte" enthält, sondern auch starke und triumphierende. Ein solcher Wert ist das alte Testament, die Bibel. Nietzsche wertet im alten Testament die gewaltige literarische Leistung des antiken Judentums und stellt es weit über die Evangelien des neuen Testaments. In den Gestalten der Erzväter wittert er

Heldisches, und die Großheit ihrer Taten, Gesichte und Bilder erhebt ihn. Als Künstler empfindet er die literarischen Valeurs der Bibel, bei deren Dichtern und Gestaltern — und das will bei einem Nietzsche viel besagen — auch die Griechen hätten lernen können.

> ...im Ganzen ist vielleicht die Feierlichkeit des Todes, eine Art von Heiligung der Leidenschaft auf Erden, bisher noch nicht schöner dargestellt worden, als von gewissen Juden des alten Testaments: bei denen hätten auch die Griechen in die Schule gehen können! (XVI/373).

Trotz dieser Anerkennung der geistigen Werte des alten Testaments, kommt aber Nietzsche doch dazu, sich die Frage vorzulegen, warum gerade das Religionsbuch des jüdischen Volkes das heilige Buch der europäischen Völker geworden sei. Und wieder ist es der Arier in Nietzsche, der ausspricht, „daß es die stärkste, sittliche Nachwirkung des Christentums war, das sich nicht an Völker, sondern an Menschen wendete und deshalb gar kein Arg dabei hatte, den Menschen der indogermanischen Rasse das Religionsbuch eines semitischen Volkes in die Hand zu geben." Das Problem ist wahrlich vital genug für einen Kulturphilosophen, und so fragt sich Nietzsche, warum Europa die jüdische Moralität angenommen habe und „sie für die bessere, höhere, der gegenwärtigen Gesittung und Erkenntnis angemessenere halte, als die arabische, griechische, chinesische und indische?"

Die Antwort auf diese Frage, die ins rein historische mündet, hat Nietzsche nicht gegeben. Hegel hat hier tiefer gesehen als Nietzsche, wenn er feststellt, daß die Juden das erste, wirklich literarische Volk der Weltgeschichte gewesen seien. Und, wenn wir uns selbst befragen, warum nicht das Avesta, das heilige Buch der Iraner, oder irgend eines der andern zahlreichen heiligen Bücher des arischen Ostens Europa den geistigen Stempel aufgedrückt und seine Moralität gestaltet haben, so drängt sich die Antwort auf, daß die geistig-literarischen Werte der Bibel tatsächlich dieser Qualitäten wegen den Sieg davongetragen haben, selbst in Epochen, in welchen es noch keine literarischen Wettbewerbe gab außer dem einen großen, stets wirkenden — dem Gesetz der historischen Entwicklung selbst. Und das Seltsame geschieht. Spitama Zarathustra spricht in der Gestalt Nietzsches in der Diktion und im Rhythmus der Sprache des alten Testaments. Würde die Bibel eines Tages aus einem Teil Europas verschwinden, so bliebe uns ihr Geist in den Reden Nietzsche-Zarathustras für alle Zeiten erhalten.

Schon Gobineau hatte in seinem großen Essay von den wundersamen Ereignissen gesprochen, die sich einst in dem kleinen Lande Palästina abgespielt hatten. Auch er empfand neben der weltgeschichtlichen Bedeutung dieser Vorgänge deren menschlich-rührenden Gehalt, und Nietzsche hätte nicht der musische Philosoph sein müssen, um diesen Gehalt noch intensiver zu verspüren.

Aus seiner Auffassung vom Ressentiment des antiken Judentums bis zur kompromißlosen Feststellung, daß die christliche Idee in ihren Auswertungen ein geistiger Racheakt des bedrückten jüdischen Volkes gewesen sei, war nur ein Schritt, es war eine Konstruktion gewagtester und kühnster Art. Aber gerade hier, da Nietzsche bis zum Äußersten seiner Erkenntnisse sich vorwagt, erfolgt der Umschwung, die Katharsis. Aus der geistigen Rache des Judentums löst sich in der Verwandlung des Gefühls „eine neue Liebe", und so gelangt Nietzsche hier zu einer der schönsten und tiefsten Antithesen seiner kulturphilosophischen Neuwertung:

> Das aber ist das Ereignis: aus dem Stamme jenes Baumes der Rache und des Hasses, des jüdischen Hasses — des tiefsten und sublimsten, nämlich Ideale schaffenden, Werte umschaffenden Hasses, dessen Gleichen nie auf Erden dagewesen ist — wuchs etwas ebenso Unvergleichliches heraus, eine neue Liebe, die tiefste und sublimste aller Arten Liebe: — und aus welchem andern Stamme hätte sie auch wachsen können?... (XV/292).

Niemals ist schöner und tiefer über den fruchtbaren Augenblick geschrieben worden, in welchem über dem Abgrund der Antike sich eine neue Kultur zu wölben begann, über jenen Silberblick vergangener Epochen, in denen die gesamte Weltauffassung des Abendlandes ihre Richtung und ihr Motiv erhielt, als von Nietzsche, dem Verächter des Christentums. Ist es nicht besser, ein

Genie zum Kritiker, als einen Flachkopf zum Liebhaber zu haben?

Man hat sich oft die Frage vorgelegt, warum sich Nietzsche eigentlich zu den Juden hingezogen fühlte; und umgekehrt hat man es bemerkt, daß die Gestalt und das Werk Nietzsches geistige jüdische Menschen wie magnetisch angezogen haben [6]). Bis heute hat man dieses Phänomen nicht zu deuten vermocht, obgleich der Schlüssel hierzu sich im Werke Nietzsches selbst finden läßt. Tatsächlich ist es seltsam, was den sein Ariertum stets betonenden Nietzsche an den Juden über die historischen Tatbestände hinaus so stark fesselte. Gewiß finden wir im Gesamtwerk und im Leben Nietzsches Details genug, die uns einen Hinweis auf dieses besondere Verhältnis den Juden gegenüber geben könnten. Wenn man bedenkt, daß es der dänische Jude Georg Brandes war, der Nietzsche zum erstenmal in die europäische Öffentlichkeit einführte, wenn Nietzsche, in seinem autobiographischen Buch, dem Ecce homo schreibt, daß er am besten von Juden verstanden worden sei, wenn es ein ungarischer Jude Paul Lanzky war, der sich seiner Gesundheit in rührender Weise annahm, wenn man erwägt, daß es der österreichisch-jüdische Schriftsteller Lipiner war, der schon in den siebziger Jahren eine Nietzsche-Gesellschaft in Wien gründete, wenn man daran denkt, daß es die englisch-jüdische Schriftstellerin Helen Zimmern war, die durch die Übersetzung der dritten Unzeitgemäßen Betrachtung Nietzsche in England bekannt zu machen suchte, so könnte eine Oberflächenbetrachtung dazu führen, daß hieraus bei Nietzsche ein wohlwollendes Interesse an den Juden sich herleite. Und doch wären diese Deutungsversuche allzu primitiver und konventioneller Art. Wie schon das Gefühl der Dankbarkeit und des inneren Verpflichtetseins bei einem Durchschnittsmenschen seine Gesinnung und Lebenshaltung nicht entscheidend bestimmen, so sehr gilt dies erst recht von einem leidenschaftlich-rücksichtslosen Denker, wie Nietzsche es war. Ebensowenig wie Wagner sich in seinen Ansichten über die Juden dadurch beeinflussen ließ, daß er die Hilfe eines Meyerbeer suchte, die dieser ihm väterlich-gütig gewährte, ebensowenig hätte ein Nietzsche sich durch derlei Adiaphora des Lebens in seinen Gesinnungen und Handlungen bestimmen lassen. Nichts wäre gefährlicher und nichts hat sich als bedenklicher erwiesen, als auf die Beurteilung der europäischen Genies die Maßstäbe gesellschaftlicher Formen und Normen anzuwenden. Was Nietzsche an den Juden und ihrer Geschichte interessierte, haben wir gesehen, was ihn aber schicksalhaft an sie band, und wodurch er sich bannen ließ, ist etwas anderes, ungleich Bedeutungsvolleres. Es ist das Streben nach der Neuformung und Neugestaltung der Welt, nach einer Erhöhung der Lebensinhalte. Es ist, auf eine Formel gebracht, die tiefe Sehnsucht nach einem Anders- und Besserwerden der seelischen und irdischen Lebensbezüge schlechthin. Was beim einzelnen Juden oft als überscharfe und vorschnelle Kritik in Erscheinung tritt, wirkt sich beim schöpferisch-genialen als Wille zur Änderung und Erhöhung der Welt aus. Wir sehen sie als Revolutionäre und Begründer konservativer Parteien, wir sehen sie als Mitbegründer eines Weltreichs und als Schöpfer einer neuen Ethik. Disraeli, der Geist durch Macht, und Spinoza, der durch Geist die Macht der höchsten Erkenntnis zu gewinnen suchten, sind nur zwei Pole des gleichen Stromkreises. Wir sehen sie als Millionäre, um mit Hilfe irdischer Güter, als Philanthropen, Mäzene und Kunstsammler die Zivilisation zu fördern; und wir sehen sie als arme, nach Wahrheit ringende Glasschleifer in der Einsamkeit holländischer Dörfer. Christus und Karl Marx sind zwei Exponenten des jüdischen Strebens nach Welterneuerung. Was tut es im Gange der Weltkultur, die immer wieder neu beginnt, ob diese Erkenntnisse richtig oder unrichtig sind. Was entscheidet es, ob man erst zweitausend Jahre nach Christus damit beginnt, dessen Lehre anzuzweifeln, oder ob man schon fünfzig Jahre nach dem Tode Marx dessen Theorien als Irrlehre zu erklären sucht. Zahlen und historische Daten sind unwägbar klein, gemessen an der Unendlichkeit des Weltgeschehens, und der Kulturkritiker kann sich nur an die Tatsachen und Ereignisse halten, die er im Laufe eines Menschenlebens vor sich sieht, eines Lebens, das nicht länger währt als ein Augenaufschlag zu Welt und Ewigkeit.

Nietzsche aber gehört in diesen Kreis und seine kulturphilosophische Großtat war es, alle die Bestrebungen, die auf eine Weiterführung der menschlichen Kultur, im Sinne einer Erhöhung des Lebens und des Menschen zielen, auf eine Standard-Formel gebracht zu haben, die er die „Umwertung der Werte" nennt. Die Umwertung der Werte ist für Nietzsche zentral. Sie stellt die Achse seines Gesamtwerks dar, und auf der Brücke dieser Umwertung begegnet sich Nietzsche mit dem antiken Judentum. Er, der erste umwertende Philosoph sieht in den Juden das erste umwertende Volk.

> Die Juden — ein Volk „geboren zur Sklaverei", wie Tacitus und die ganze antike Welt sagt, „das auserwählte Volk unter den Völkern" —, wie sie selbst sagen und glauben — die Juden haben jenes Wunderstück *der Umkehrung der Werte* zu Stande gebracht, dank welchem das Leben auf Erden für ein paar Jahrtausende einen neuen und gefährlichen Reiz erhalten hat... In dieser Umkehrung der Werte (zu der es gehört, das Wort für „Arm" als synonym mit „Heilig" und „Freund" zu brauchen) liegt die Bedeutung des jüdischen Volks... (XV/121).
> Die Juden, jenes priesterliche Volk das sich an seinen Feinden und Überwältigern zuletzt nur durch eine radikale *Umwertung von deren Werten*, also durch einen Akt der geistigsten Rache Genugtuung zu schaffen wußte... (XV/291).

Man verrät sich leicht, wenn man philosophiert. Sollte nicht auch Nietzsches Umwertung der Werte zu einem guten Teil aus einem feinen Rachedurst kommen, aus jenem Rachebedürfnis an allen Großen von Plato bis Kant, die vor ihm philosophiert hatten, und die er in seinem Werk ablehnt und zu widerlegen sucht. Angesichts der Überschärfungen im kulturkritischen Werk Nietzsches hat ein neuerer Beurteiler von einer „Philosophie des Ärgernisses" gesprochen. Aber es liegt Nietzsche fern, Ärgernis erregen zu wollen. So wie die moderne Medizin die Organe vergrößert, um sie leichter untersuchen zu können, so vergrößert Nietzsche die historischen und geistig-seelischen Tatbestände, um sie plastischer werden zu lassen. So erscheinen seine überlebensgroßen Wahrheiten wie Zeitaufnahmen, aus denen das Wahre an sich transparent wird. Die Übersteigerungen Nietzsches entzücken mehr, als sie befremden, und weit stärker noch als die sokratische Methode erwecken sie im Nachprüfenden den Antrieb zum Weiterdenken. Auch von Nietzsche hätte ein Chamfort sagen können, daß er auf der Flöte donnere.

Während so der Kulturphilosoph im Alfreskostil mit dem Hammer philosophiert, arbeitet der Psychologe Nietzsche mit der feinsten Kaltnadel. Nietzsche ist Psychologe aus Instinkt und Genuß; er ist ein Weltmann, der die Formen schätzt und pflegt. Er ist Causeur von hohen Graden und in seinem Äußeren von „größter Eleganz", wie Helen Zimmern über ihn berichtet. Diese persönliche Haltung Nietzsches ist wohl auch maßgebend für sein Psychologentum, denn jeder Psychologe legt bewußt oder unbewußt eigene Maßstäbe an das zu Beobachtende an. Das antike Judentum, der eigentliche Jahvismus, war versunken. Die Juden waren in rechtsverjährter Zeit nach Europa gekommen und hatten aufgehört als einheitliche Gemeinschaft zu bestehen. So erwecken sie nicht mehr das Interesse des Religionspsychologen Nietzsche. Die Art Juden, die ihrer religiösen Überzeugung jedes Opfer zu bringen bereit sind, traten nicht in seinen Gesichtskreis. Was er aus seiner bourgoisen Umwelt zu beobachten Gelegenheit hatte, veranlaßt ihn zu glauben, „das Wohlergehen auf Erden sei die jüdische Religionstendenz." Aber jede Psychologie beruht auf Enquête, nicht auf Statistik, und so kommen Nietzsches psychologische Erkenntnisse über das jüdische Wesen aus der Betrachtung und Beobachtung der jüdischen Menschen, die ihm, dem großen Sommerfrischler des Geistes, auf seinen Wanderungen in Universitätsstädten, Kurorten, kleinen Hotels und Pensionen entgegentreten. So handelt es sich immer um Einzelpsychologie, deren Ergebnisse im wesentlichen empirisch gewonnen werden; aber der Grad der Begabung des Psychologen entscheidet darüber, in welchem Maße sich eine so gewonnene Erkenntnis ins Allgemeine weitet und Gültigkeit erlangt. Sehr oft finden wir bei Nietzsche die Bemerkung, daß er die ihm begegnenden Juden für „gescheut" erklärt, eine Bezeichnung, womit der Meister der Sprache wohl eine Verbindung von ehrlicher, tiefer Klugheit und einem etwas altklugen, überpointierten Verstand meint. Er selbst empfindet diese Eigenschaft durchaus als angenehm und positiv, wenn er sagt, die Juden seien im „unbedingten Sinne gescheut." In einem Einzelfall kommt er dazu den „jüdischen Luxus" zu rügen; auch stört ihn bei den Juden manchmal die „Lust am kleinen Vorteil." Als charakterliche Grundanlage glaubt er im Juden die „Anpassungskunst par excellence" feststellen zu können, die zum Talent der Nachahmung wird; ins Artistische gesteigert bedeutet dies die Begabung zum Beruf des Schauspielers. „Welcher gute Schauspieler wäre heute nicht Jude," notiert er sich.

Was Schiller an Goethe auffiel, die männlich-gestraffte Haltung, das beherrschte Zurückgehaltensein in Geste und Wesen, bestimmt auch einen Inhalt der Nietzsche'schen Persönlichkeit. Peter Gast geht sogar so weit, von einer sophokleischen Attitüde zu sprechen, eine Haltung, die Nietzsche selbst noch nach seinem Zusammenbruch bewahrt hat; den Beobachtern, die ihn im Hörsaal der Binzwangerschen Klinik in Jena sahen, fällt seine aufrechte und straffe Haltung auf. Diese Haltung entspricht bei ihm, wie im Grunde bei jedem Menschen, der inneren Wesensart, und die moderne Wissenschaft von den Konstitutionsformen hat mit Recht aus körperlichen Qualitäten wichtige Schlüsse auf die psychischen Besonderheiten des Menschen zu ziehen vermocht. So erfaßt Nietzsche in der Gesamthaltung eines Menschen den Inbegriff seines körperlichen, geistigen und seelischen Seins, und hieraus folgt, daß ihm die Haltung der Menschen, die ihm entgegentreten, zur wesentlichen

Grundlage für deren Bewertung wird. An den Juden glaubt er oft einen Mangel an Haltung feststellen zu müssen, und er ist erfreut und fast erstaunt, wenn er sie findet. „Er hat viel Haltung für einen Juden," schreibt er an Overbeck über den deutsch-jüdischen Professor Noether, den er in Sils-Maria kennen lernt [7]), und auch aus anderen Briefstellen läßt sich herleiten, daß er die Haltung jüdischer Menschen studiert. Aus der Gesamtheit ihrer Geschichte aber glaubt er schließen zu können, daß den Juden ein gut Teil Rückgrat genommen wurde, was ihre Haltung im ganzen bestimmt, und so kommt er zu einer seiner feinsten psychologischen Beobachtungen, die zugleich den pädagogischen Geist des großen Erziehers Nietzsche atmen:

> ...ihr Auge überzeugt nicht, ihre Zunge läuft leicht zu geschwind und überschlägt sich dabei, ihr Zorn versteht sich nicht auf das tiefe, ehrliche Löwengebrüll, ihr Magen hält großen Gelagen, ihr Verstand starken Weinen nicht stand — ihre Arme und Beine erlauben ihnen keine stolzen Affekte (in ihren Händen zuckt oft, ich weiß nicht welche Erinnerung)... (XVI/372).

Der äußeren Haltung eines Menschen aber entspricht als innere das, was man seinen Takt heißt, und was Nietzsche als „Maß und Mitte" begreift. So nimmt er auch zur Frage des viel erörterten und kritisierten jüdischen Taktgefühls in einer Weise Stellung, welche die ganze Tiefe, Originalität und Überlegenheit des Psychologen Nietzsche erkennen läßt; so klingt es fast wie eine Entschuldigung für angebliche jüdische Taktverstösse, wenn er argumentiert, es sei die Art der Juden, ihre Chancen im Verhältnis zu Personen auszunützen, indem sie dicht an die Grenze derselben treten und es merken lassen, daß sie sich an der Grenze wissen. „Dies macht sie zudringlich. Wir alle wollen ja unnahbar sein und unbegrenzt erscheinen; die Juden wirken diesem phantastischen Unfaßbarseinwollen bei einzelnen und bei Nationen entgegen und werden dafür sehr gehaßt."

In der Zielstrebigkeit nach neuen Wertsetzungen, in der Umwertung der Werte erkannten wir den ersten Grad der Verwandtschaft Nietzsches mit den Juden als Volk. Es gibt noch einen zweiten Grad dieser Verwandtschaft. Es ist die Stellung zum Leben selbst. Diese Bejahung des Lebens um jeden Preis ist das Herzstück der dionysischen Lebensphilosophie Nietzsches. Sie geht weit über das Leben als biologische Tatsache hinaus. Wenn es im Zarathustra heißt, daß „das Rad des Seins ewig rolle," so ist dies ein Stück griechischer Philosophie, jener Heraklitismus, von dem Nietzsche kommt. Aber die Bejahung und Heiligung des Lebens überschreitet das Griechische weit. Es ist weder hedonistisch noch epikureisch, wie Nietzsche dem Leben gegenübertritt, denn der Epikureismus sucht durch eine besondere Einwirkung auf das Leben eine bestimmte Gegenwirkung zu erreichen. Diese zweckbetonte Grundeinstellung dem Leben gegenüber fehlt bei Nietzsche völlig. Hier, wo eine kompromißlose todes- und liebesbereite Geste dem Leben und allen seinen Urwerten geweiht wird, klingt im Rundgesang des Zarathustra die Gewißheit auf, daß Lust tiefer ist als Herzeleid, und daß allein die Ewigkeit, das heißt die Gesamtheit der in der Wiederkunft der Dinge sich immer neu gebärenden Erscheinungen, jene höchste überirdische Seligkeit gewonnen werden kann, von der die Wertbezüge des Lebens selbst nur ein schwacher Widerschein sind, ein dämmeriges Abbild, wie die Erscheinungen der Wirklichkeit gegenüber den Ideen bei Plato. Dieses nackte, helle, im Grunde ganz unphilosophische, aus der Euphorie kommende am Lebenhängen, am Leben, dessen Unvollkommenheit aus seiner Endlichkeit und dessen Vollkommenheit aus seiner erspürbaren Ewigkeit rührt, ist das innerste Hormon des Nietzsche'schen Lebensaktivismus, dem alles entströmt; denn was bedeutete die Umwertung der Werte des Lebens, wenn nicht das Leben selbst das Primäre, das Göttliche wäre, wenn nicht das Leben im höchsten Sinne würdig erschiene, daß man ihm durch Umwertung seiner Werte diene, um damit seinem Ewigkeitsgehalt immer wieder neuen und höheren Wert zu leihen.

Der höchste Ausdruck des Lebenswillens aber ist die Liebe, die nicht an ein Objekt gebunden ist, sondern für sich allein als wertbegabte Funktion ihr Eigensein hat. Und diese neue Liebe, die nach Nietzsche aus der leidenden und leidenschaftlichen Seele des antiken Judentums sich entringt, kommt aus der kleinen jüdischen Gemeinde als Exponent ihres Lebensgefühls.

> Aus der kleinen jüdischen Gemeinde kommt das Prinzip der Liebe her; es ist eine leidenschaftlichere Seele, die hier unter der Asche von Demuth und Armseligkeit glüht... Das Lied zu Ehren der Liebe, welches Paulus gedichtet hat, ist nichts Christliches, sondern ein jüdisches Auflodern der ewigen Flamme, die semitisch ist... (XVIII/132).

Aber welche Art von Liebe, welche ewige Flamme ist es, die hier aufleuchtet? Es ist nicht der griechisch-platonische Eros der Diotima, der die Seelen verzehrt; es ist die feierlich-ekstatische Selbstliebe des Lebens und das Verankertsein im Dasein als Eigenwert. Und so erkennt Nietzsche, der körperlich-schwergeprüfte Mensch, bei den Juden, dem geschichtlich-schwergeprüften Volk, den gleichen Hang, die gleiche Qual, die gleiche Liebesfähigkeit: die Liebe zum Leben und er rühmt, daß sie hier noch stärker waltet, als bei dem verehrten Volk seiner Jugend: den Griechen.

> Die Juden, als ein Volk, welches am Leben hing und hängt, gleich den Griechen und mehr als die Griechen... (X/67).

Am Lebenhängen! Nietzsche bringt hierfür das etwas krude Beispiel des jüdischen Märtyrers, der nach dem zweiten Buch der Makkabäer nicht daran denkt, auf seine ausgerissenen Eingeweide zu verzichten. Es gibt wahrlich noch andere Beispiele. Hatte Nietzsche nicht selbst die Worte jener schönen und begabten russischen

Jüdin, Lou Salomé, den Texten der Mathilde Wesendonk nicht unebenbürtig, vertont, jenen, das Leben trotz seiner Schwere feierlich-bejahenden „Hymnus An das Leben?" Und jene jüdischen Märtyrer des 13. Jahrhunderts, die, wie der Chronist berichtet, lachend und tanzend den Scheiterhaufen bestiegen, sind sie nicht ein gewaltiges Gleichnis für das am Lebenhängen bis zum bitteren Ende? Und jene große Schauspielerin, die Rachel, die in der Sterbestunde ihre Juwelen auf ihr Lager breiten läßt, und damit spielend, lächelnd ihre Seele aushaucht, verkörpert sie nicht die Liebe zum Leben, jenes am Lebenhängen, das in bedächtiger Beseligung aus den Versen des größten jüdischen Dichters unserer Zeit, des Weltfreundes Franz Werfel, wie ein feiner Opferrauch emporsteigt? Wenn aber heute arme jüdische Flüchtlinge in eilig gezimmerten Lagern der Schweiz ihre Freunde und Gönner zu Spiel und Tanz auf selbstgerichteter Bühne einladen, sie, die alles verloren und wenig zu hoffen haben, offenbart sich hier nicht — jenseits aller großen Schriftstellerei und Philosophie — was es heißt, bedingungslos am Leben hängen und dieses Leben auf — Gnade und Ungnade — zu lieben?

APOLOGETIK

Il faut prendre parti.
MONTAIGNE

NIETZSCHE war Herkules genug, um an einen Scheideweg zu gelangen. Deutlich ergibt sich aus seinem Gesamtwerk, daß er in drei Epochen der Weltgeschichte den Kampf gegen die starken aristokratischen Werte erkannte, einen revolutionären Hergang, den er aus seiner kulturphilosophischen Schau aufs tiefste verurteilte: im Sklavenaufstand der Moral des antiken Judentums, der zum Christentum führte, in der deutschen Reformation und in der französischen Revolution, die nach Nietzsches Meinung die „Tochter und Fortsetzerin des Christentums" war. Wie er dem antiken Judentum die Umwertung durch einen Christus und Paulus vorwarf, so verübelte er den Deutschen einen Luther, den Franzosen ihre Robespierre und Marat. Aber was hatte im Grunde der historische Sinn irgend einer Epoche mit dem Wesen und Wandel unsterblicher Völker zu tun? Nicht nur an den Juden, auch an andern Völkern, an Deutschen und Engländern hatte Nietzsche scharfe, sehr scharfe Kritik geübt; große und anerkannte Dichter und Musiker hatte er kritisch angezweifelt, in mannigfachen Bezügen hatte er aus einem feststehenden Urteil wieder ein Vorurteil gemacht, und hatte er nicht den Menschen unbarmherzig seziert, in welchem er bis zuletzt die Inkarnation alles Schöpferischen und Genialen erkannte: Richard Wagner? Aber diese Art von Kritik, die einen Teil seines schöpferischen Wesens selbst bestimmte, konnte ihn nicht dazu führen, zum Misanthropen zu werden. Wenn er auch den Juden der Antike, jenen „Entrüstungs-Pessimisten", den vermeintlichen Sklavenaufstand der Moral nicht verzieh, wenn er den Deutschen ihre amusische Reformation vorwarf, wenn er die Franzosen der anti-aristokratischen Revolution beschuldigte, so hinderte ihn dies doch nicht, die Franzosen und ihre Sprache zu lieben und an eine Zukunft der Deutschen zu glauben. Und die Juden? Wie leicht war es ihm gemacht, sich dem geschäftig-geschäftlichen Antisemitismus seiner Tage anzuschließen, jener Zeit des 19. Jahrhunderts der, wie Midas alles zu Gold, alles zu einer Art Wissenschaftlichkeit wurde, die man weniger zu verdauen, als zu buchen suchte, einer Zeit, in welcher man sich in einem Durcheinander von Meinungen und Interessen gefiel, die zu nichts entscheidend Stellung nahm, aber zu allem Stellung nehmen ließ. Seine Umgebung selbst und ihre Menschen konnten ihm hier nicht Wegweiser sein. Für die hausbackene Mutter, Tochter und Gattin evangelischer Pastöre, war ein Jude ein Wesen aus einer fremden Welt. Rohde, der Jugendfreund, war von einem Unterton von Judengegnerschaft nicht frei, und der lebenskräftige Peter Gast, der geliebte Jünger, nennt in einem an Nietzsche gerichteten Brief, Berlin ein „Sand-Jerusalem"; die Schwester Elisabeth aber, die er auf seine Art liebte, die ihm Jugendgespielin und „Lama" war, hatte ihn durch ihre Ehe mit dem Antisemitenführer Förster aufs tiefste verletzt und sich ihm hierdurch entfremdet [8]). Wie war es möglich und wie ist es zu verstehen, daß Nietzsche an seinem Scheidewege stehen blieb, und nicht nur stehen blieb, daß er umkehrte, und daß ihm der Scheideweg zur Kopfstation wurde? Wir haben gesehen, daß zwischen Nietzsche und den Juden zwei Arten von Verwandtschaft bestanden, die schicksalhaft von ihm gedeutete, in deren Strahl er die Juden, wie sich selbst als Umwerter der Werte erkannte und in der jüdischen Haltung zum Leben selbst. Aber es gibt noch einen dritten Grad von Verwandtschaft, der Nietzsche mit den Juden verband. Was Nietzsche an dem jüdisch-historischen Volk als gemein mit sich selbst aufgespürt hatte, haben wir nachzufühlen versucht. Aber dieses jüdische Volk einer fernen Vergangenheit hatte sich, durch den Hammer der Weltgeschichte zersplittert, in eine Vielfalt von jüdischen Menschen aufgelöst. Und Nietzsche, der geistigste Mensch seines Zeitalters und vieler Zeitalter entdeckt an diesen jüdischen Menschen die gleiche Eigenschaft, die bei ihm primär und wesensbestimmend war. „Die Juden haben Geist." (XIX/261). Sie haben Wünschelruteninstinkte für geistige Werte und dienen dem Geist. Nietzsche hat es an sich selbst erfahren. „Natürlich Jude," fügt er in einem Brief an die Seinen hinzu, in welchem er mitteilt, daß ein Doktor Georg Brandes über seine Philosophie an der Universität Kopenhagen Vorlesungen halten werde. Nietzsche glaubt auch zu wissen, woher diese den Juden eigentümliche Geistigkeit rührt und worin sie ihre Wurzel hat. Sie kommt aus den großen Eindrücken der jüdischen Geschichte, die jeder jüdische Mensch unbewußt in sich trägt, und wohin, so fragt Nietzsche, soll auch diese Fülle von Leidenschaften, Tugenden, Entschlüssen, Entsagungen, Kämpfen, Siegen aller Art, wohin soll sie sich ausströmen, wenn nicht zuletzt in große geistige Menschen und Werke! In der Ebene der

Geistigkeit begegnet sich Nietzsche mit allen jüdischen Menschen, die ihm näher treten, ob es der Philosoph Paul Rée, die Dichterin Lou Salomé, die Kritikerin Helen Zimmern, der Literarhistoriker Georg Brandes, der Schriftsteller Paul Lanzky oder der Naturwissenschaftler Paneth sind.

Es liegt im Schicksal jedes genialen Menschen, die Gegensätzlichkeiten des Lebens schärfer zu durchleiden und zu durchkosten als andere. Dies war auch Nietzsche beschieden, als er Richard Wagner begegnete. Nicht in der Freundschaft dieser beiden großen Repräsentanten ihres Jahrhunderts, im Bruch dieser Freundschaft liegt das Entscheidende. Oswald Spengler hatte dies schon zu einer Zeit, die noch nicht so klar werten konnte wie die unsere, erkannt, als er, gewaltig übersteigernd, jedoch ohne näher zu begründen, im Bruch der Freundschaft zwischen Wagner und Nietzsche das „letzte Ereignis der deutschen Kultur sieht, über dem Größe liegt." Was war geschehen? Nietzsche, der noch in den siebziger Jahren überhaupt nur als einer der begabtesten Verfechter der Wagnerschen Kunst bekannt war, hatte sich blindlings seinem Meister ergeben. Wer sich aber Wagner hingab, mußte auch seine Judenfeindschaft, die einen Teil seines Wesens bestimmte, teilen. Nietzsche tat es, wenn auch mit Widerstreben. Die Briefe aus seiner Basler Zeit, die er nach Triebschen in das Haus Wagners sandte, färbte er bewußt antisemitisch, um Wagner, wie die Schwester ausdrücklich bemerkt, einen Gefallen zu tun [9]). Eine Einladung des Historikers Professor Mendelssohn in Freiburg, einem Sohne Felix Mendelssohns, ihn auf einer Studienreise nach Griechenland zu begleiten, lehnt er schweren Herzens ab — mit Rücksicht auf Wagner. Wie aber jedes Menschen geistige Selbständigkeit, so wächst auch die Nietzsches mit den Jahren. Schon zu Lebzeiten Nietzsches hatte man versucht den Gründen des Bruchs dieser beiden nachzuspüren, wohl ahnend, daß sich hier Tieferes verbarg. Man sieht in der Hinneigung Nietzsches zu Voltaire, die mit der Zeit der Abfassung des Parzival-Textes zusammenfällt, einen Grund für die Entzweiung. Also hätte das Christentum die beiden getrennt. Man glaubt kleinliche persönliche Kränkungen verantwortlich machen zu können; so hätte Wagner sich über eine Oper Nietzsches (den Ariadne-Text) andern gegenüber lustig gemacht. Niemand kann daran glauben. Obgleich die Beziehungen Nietzsches zu Cosima Wagner und umgekehrt nicht ohne Problematik waren, erfolgt der Bruch nicht Cosimas-Ariadne wegen, wie überhaupt Nietzsche, der zwischen Leben und Werk streng zu scheiden wußte, private Dinge und Gründe zu einem solchen Entschluß niemals geführt hätten. Was Nietzsche von Wagner trennte, war einmal sein Ethos, dessen höchste Postulate Reinheit und geistige Rechtschaffenheit hießen, und das vor der Diakrisis zwischen dem Menschen und Künstler Wagner Degout zu empfinden begann, jenen Ekel dem Menschen gegenüber, der nach Nietzsches eigenem Geständnis stets seine größte Gefahr war. Wie war der himmlische Jubel, der aus der Meistersinger-Ouvertüre erklang, mit so viel höllischem Haß zu vereinen? Wie vertrug sich das Mitleid mit allen Menschen, die Lehre der Agape, wie sie aus den Glockenklängen des Parzival ertönte, mit der Verachtung ganzer nichtsahnender und sich mühender Menschenklassen? Das Rätsel löst sich. Wie Wagner sich dadurch, daß er „aus Mitleid wissend" ward, die Freiheit seiner Instinkte erkaufte, so macht Nietzsche, für den Mitleid Sünde bedeutet, diesen Rigorismus damit wett, daß sein Übermensch in „höchste Güte" erwächst. Nicht der Mensch und nicht der Künstler Nietzsche sind es, die sich von Wagner lösen, sich von ihm restlos lösen können. Für den Menschen Nietzsche bleibt Wagner bis zuletzt der Geliebte, der „Sternenfreund", und der Künstler Nietzsche ist es, der ausspricht, es helfe nichts, man müsse erst Wagnerianer sein. Was sich in Nietzsche von Wagner trennte, erkennen wir erst heute klar. Es war der Kulturphilosoph Nietzsche, der den Bruch mit Wagner vollzog und vollziehen mußte. Schon die Schwester hatte angedeutet, daß es der Antisemitismus Wagners war, der im letzten Grunde Ursache der Entfremdung der beiden gewesen sei. Aber was bedeutet ein alltägliches Wort mit seiner ganzen Banalität im Freundschaftsgeschick zweier Männer solchen Formats. Nicht der Antisemitismus Wagners war es, was Nietzsche von ihm führte, sondern das, wofür er Gleichnis und Symbol war. Er war das Residuum der kulturphilosophischen Schau Wagners, der den Höhepunkt der Kultur schon überschritten wähnte, und wieder an eine völkische Vergangenheit anknüpfen wollte, in welcher ihm die Lohengrin, Tannhäuser und Hans Sachs als verklärte Abbilder seiner kultur-philosophischen Urideen erschienen. Wie ganz anders Nietzsche. Für ihn stand die Kultur erst an einem Anfang, so wie ihm der Mensch als ein Beginn erschien, ein „Seil gespannt zwischen Tier und Übermensch." Wagner suchte die Erlösung von allem, auch von der Kultur. Nietzsche sucht neue Lösungen der Kultur. Nietzsche wendet sich bewußt an alle, die Widmung des Zarathustra beweist es; Wagner schreibt „Mitteilungen an seine Freunde." Wagner kämpft für sein Werk, Nietzsche ringt um die Zukunft. Ein gigantischer Kampf hebt an. Wagner zieht sich erlöst und selbstzufrieden in die romantischen Gefilde einer völkisch-christlichen Vergangenheit zurück, während Nietzsche in den Urnebel einer Zukunft für alle Menschen schaut, die allein wahrhaft totalitär genannt zu werden verdiente. Und so wie Wagner für seine Zukunftsmusik und sein Gesamtkunstwerk alle Künste aufrief, ihm zu helfen, so brauchte Nietzsche für seine Zukunftskultur alle Menschen und alle Völker. Wie hätte er hierbei eines Volkes entraten können, dessen Wesen er selbst als genial erkannt hatte. So wird Wagner für Nietzsche das Störende, Beleidigende und Antipodische schlechthin, denn der Kulturphilosoph Wagner stellt letzthin den ganzen Sinn und das Schicksal des kulturphilosophischen Programms Nietzsches in Frage. Wagners Schrei nach dem „Volk" und der Verherrlichung durch das Volk waren für Nietzsche, der eine dionysisch-frohe Botschaft für die Elite einer neuen Menschheit zu künden hatte, das Lähmende und Widersacherische an sich. So trennen sich Nietzsche und Wagner. Auf der Suche nach einer neuen Kultur wird ihnen, fast zufällig, die Frage nach den Juden zum Schiboleth und Scheidewasser ihres ganzen philosophischen Seins. „Das letzte Ereignis über dem Größe liegt?" Das erste große Ereignis, welches den klaffenden Abgrund unseres Zeitalters blitzartig erhellt.

Es ließe sich textkritisch leicht nachweisen, daß Nietzsche erst nach der Trennung von Wagner einen freieren Blick in bezug auf die Frage nach den Juden gewinnt. Die judengegnerische Bewegung seiner Tage wächst. Die Juden haben schlechte Eigenschaften, schallt es aus dem Antisemiten-Wald. Nietzsche erwidert:

> Unangenehme, ja gefährliche Eigenschaften hat jede Nation, jeder Mensch: es ist grausam zu verlangen, daß der Jude eine Ausnahme machen soll... Trotzdem möchte ich wissen, wie viel man bei einer Gesamtabrechnung einem Volke nachsehen muß, welches, nicht ohne unser Aller Schuld, die leidvollste Geschichte unter allen Völkern gehabt hat, und dem man den edelsten Menschen (Christus), den reinsten Weisen (Spinoza), das mächtigste Buch und das wirkungsvollste Sittengesetz der Welt verdankt. (VIII/337).

Nietzsche hatte das Christentum, jenen vermeintlichen Sündenfall des antiken Judentums, den in die Jahrhunderte verschlagenen jüdischen Menschen verziehen. Er hatte erlebt, daß sie die Gabe haben, Freund sein zu können. Mit Paul Lanzky, dem feinsinnigen ungarischen Juden, durchwandelt er eine laue Sommernacht in Italien und, die Arme um die Schulter des Freundes legend, gesteht er ihm, daß er in körperlicher und seelischer Not dem Selbstmord nahe sei. Hier fallen letzte Scheidewände von Mensch zu Mensch. Niemals hat Nietzsche einem seiner adligen deutschen Freunde ein solches Geständnis gemacht. Aber auch den wahren Sinn des jüdischen Ethos erfühlt Nietzsche zutiefst. Er rühmt die Art, „wie sie ihre Väter und Kinder ehren, die Vernunft ihrer Ehen und Ehesitten." Und das schönste, tiefste und wahrste, was vielleicht je über Juden gesagt worden ist, kommt aus dem Munde Zarathustras:

> Vater und Mutter ehren und bis in die Wurzel der Seele hinein ihnen zu Willen sein: diese Tafel der Überwindung hängte ein anderes Volk über sich auf und wurde mächtig und ewig damit.

Wie leicht stellt sich aber hier die Frage, und besonders leicht für einen Psychologen, ob nicht Ursache und Wirkung vertauscht worden sind. Ebenso wie es genial sein mag, Werte zu erhöhen, so armselig ist es, Werte zu fälschen und zu verfälschen; und doch zeigt die Geschichte mehr Beispiele von Wertfälschungen als von

Werterhöhungen. Auch Nietzsche mußte sich fragen, ob es wirklich die schlechten, ob es vielleicht nicht gerade die guten und besonderen Eigenschaften der Juden waren, die ihnen innerhalb der europäischen Nationen zum Schaden gereichten. Er stellt fest, daß ihnen „Tatkräftigkeit, höhere Intelligenz, in langer Leidensschule von Geschlecht zu Geschlecht angehäuftes Geist und Willens-Kapital" zu eigen sind, und daß diese Eigenschaften dazu beitragen, ihnen Neid und Haß einzutragen; „so daß die literarische Unart fast in allen jetzigen Nationen überhand nimmt — und zwar je mehr diese sich wieder national gebärden, die Juden als Sündenböcke aller möglichen öffentlichen und inneren Übelstände zur Schlachtbank zu führen." (VIII/337).

Wie aber stand Nietzsche zum Antisemitismus selbst? Die Nietzsche-Forscher und das Gros der Gebildeten, so weit sie sich mit Nietzsche beschäftigen, sind sich darüber einig, daß Nietzsche kein Antisemit war. Damit wäre die Frage also beantwortet und abgetan. Das Gegenteil ist aber der Fall; das Problem beginnt erst. Es genügt nicht zu wissen, daß Nietzsche kein Antisemit war, denn im Augenblick, da man diese Feststellung trifft, muß man sich fragen, warum er es nicht war. Seltsamerweise hat jedoch bis jetzt niemand, der an Nietzsche rührte, diese Frage aufgeworfen, geschweige denn beantwortet, obgleich sie für die Beurteilung der Persönlichkeit Nietzsches, sowie seiner gesamten Lehre von mindestens ebenso zentraler Bedeutung ist, wie alle anderen Fragen, die mit der Philosophie und Kulturphilosophie Nietzsches in engem Zusammenhang stehen. Warum war Nietzsche kein Antisemit, und weshalb — und das ist das Entscheidende — nahm er gegen den Antisemitismus überhaupt Stellung? War er es nicht aus einer anderen Hautlichkeit, aus Anständigkeit der Gesinnung, aus Mitleid, aus Menschlichkeit, aus einem vagen Gerechtigkeitsgefühl, alles Empfindungen und Erwägungen, die vielleicht manchen Europäer davon abgehalten hatten, sich offiziell auf die Seite der Judengegner zu stellen? Aber diese Fragen aufwerfen, heißt sie schon verneinen. Was haben solcher Art Rücksichten, Halbheiten und Gefühlswallungen mit einem Nietzsche zu tun? Man könnte weiterhin vielleicht annehmen, Nietzsche habe den Antisemitismus abgelehnt, weil er seine sämtlichen Prämissen und Schlüsse verwarf. Daß dem nicht so ist, haben wir gesehen; auch Nietzsche hatte Kritik an jüdischen Wesenseigenschaften geübt, und nicht nur das, er hatte als Kulturphilosoph über sie Gericht gehalten, und nicht nur in Volksversammlungen vor Halb- und Nichtgebildeten über sie geredet. Man könnte hier einwenden, daß Nietzsche aber deshalb kein Antisemit gewesen sei, weil er doch viele hervorragende und positive Eigenschaften, die den andern wohl die Waage halten konnten, bei den Juden erkannt hatte. Auch dieser Einwand wäre nicht schlüssig, oder glaubt irgend jemand allen Ernstes, daß die klugen Antisemiten von gestern und heute nicht genau wüßten, daß auch den Juden hochwertige Eigenschaften in reicher Fülle zu eigen sind. Aber war es dem Antisemitismus wirklich allein um ehrliche Kritik zu tun? Nietzsche fühlte, daß sich hier etwas anderes vorbereitete; der Antisemitismus wollte Gesetz, Ideologie und Grundlage einer neuen Weltanschauung werden. So kommen wir zu den wahren Gründen, aus welchen Nietzsche den Antisemitismus aufs schärfste bekämpfte. Es sind Gründe, sie bis in das Mark der Nietzsche'schen Persönlichkeit, sowie seiner gesamten Philosophie und Kulturphilosophie führen. Nietzsche hatte in genialer Weise erkannt, daß der Antisemitismus im tiefsten Sinne nichts anderes war, als eine revolutionäre Bewegung. Versteht man es jetzt, daß er, der Anti-Revolutionär par excellence, auch zum Anti-Antisemiten, wie er sich selbst stets nannte, zwangsläufig und aus innerer Notwendigkeit werden mußte? Aber damit nicht genug. Der Anti-Antisemitismus hätte eine private Einstellung Nietzsches bleiben können. Warum tat er es nicht? Warum hielt sich Nietzsche nicht au dessus de la mêlée? Es fällt auf, daß sich Nietzsche in seinem gesamten Werk, wie in seinen Briefen so stark als Anti- Antisemit engagiert, daß dies sogar — was bei ihm wahrlich selten ist — zu Wiederholungen führt. Nicht nur sich selbst bezeichnet er immer wieder als Anti-Antisemiten, er wünscht auch von den ihm Nahestehenden eine klare Absage an den Antisemitismus, von seinem antisemitischen Verleger trennt er sich, und die Heirat seiner Schwester mit dem Antisemiten Förster führt zu einem offenen Familienzwist. Warum dies alles? Hätte ein Nietzsche, einer der reichsten und schönheitstrunkensten Denker des Abendlandes, sich nicht um etwas anderes mühen können, als um die Fragen des Antisemitismus und allem, was an Plattheit, Gehäßigkeit und Alltäglichkeit damit zusammenhing? Aber der Fall liegt anders, er liegt tiefer, tragischer und großartiger; es ist ein geistesgeschichtliches Ereignis ersten Ranges. Nietzsche mußte sich um den Antisemitismus kümmern, es war eiserne Notwendigkeit, sich ihm entgegenzustellen, da er sein ganzes kulturphilosophisches Eigenwerk durch ihn bedroht sah.

Nietzsche erkannte, daß sich innerhalb der europäischen Kultur ein neuer Sklavenaufstand vorbereitete. Es war nicht mehr der Sklavenaufstand der Moral des antiken Judentums, es war nicht der Sklavenaufstand einer dumpfen Masse gegen die Kunst Roms Leos des Zehnten im Deutschland der Reformation, es war nicht der Sklavenaufstand einer entrechteten Klasse gegen eine andere, das Leben und seine Güter genießende, wie im Frankreich der Revolution. Es war ein neuer Sklavenaufstand unter seinen Augen in Europa ausgebrochen. Er nannte sich Antisemitismus. Diese Bewegung, die kulturphilosophisch überlagert erschien und Lösungen der Kulturkrisis suchte, die für Nietzsche nur als Pseudolösungen gelten konnten, mußte ihm somit zum Antipoden seines eigenen philosophischen Zukunftswerks und zum Todfeind werden. So ist er schon erfreut, wenn der Antisemitismus vorläufig nicht zur staatlichen Norm gemacht wird, und in einem Briefe an Overbeck rechnet er es dem jungen Kaiser Wilhelm hoch an, daß dieser sich bei seiner Thronbesteigung sogleich der antisemitischen Ratgeber der Krone entledigt habe.

Wer aber waren die Träger dieses Antisemitismus? Es war kein Volk, es war weder eine Masse, noch eine Klasse. Träger dieses neuen Sklavenaufstandes in Europa, der von Deutschland ausging, war eine besondere Art Mensch, die sich vertikal durch alle Schichten der Gesellschaft zog und deshalb nicht mit einem herkömmlichen Begriff bezeichnet werden konnte. Nietzsche nennt sie, sprachschöpferisch wie immer „die Schlechtweggekommenen," und in diesem Wort ist für ihn alles enthalten, was sich aus Ressentiment, dumpfem Lebensneid, Geldgier, Haß gegen die Geistigkeit; was sich als Abenteurer und Fabrikbesitzer, als Frömmler und Atheisten, als skrupellose Streber und erfolglose Journalisten, als hysterische Weiber beiderlei Geschlechts, als Analphabeten und Misanthropen jeder Art antisemitisch nannte. Denn der Antisemitismus als revolutionäre Erscheinung, so erkennt Nietzsche deutlich, ist rein synkretistischer Art. Er wendet sich gegen das Geld, die Macht, aber auch gegen den Geist der Juden. Und so stellt er fest: Die Antisemiten vergeben es den Juden nicht, daß die Juden „Geist" haben — und Geld. Die Antisemiten — ein Name der „Schlechtweggekommenen". (XIX/261). Was den Kampf gegen das Geld angeht, so sah Nietzsche hierin wohl nur einen Ausfluß der sozialistischen Ideologie, des Kampfes gegen den Kapitalismus, den er als Anti-Sozialist schon abgelehnt hatte; aber gerade „der Sinn für Geld" ist es, den er „an den Juden schätzt." Worin er aber den eigentlichen Sklavenaufstand erblickte, war der Kampf gegen das geistige Prinzip, dessen großer Repräsentant er selbst war, und so sieht er in diesem Kampf das wahrhaft pöbelhafte, den Sklavenaufstand gegen Kulturwerte und Kulturträger, den die Idee des Antisemitismus letzthin darstellt; und er kommt zu dem Ergebnis, daß der „Kampf gegen die Juden immer ein Zeichen der schlechteren, neidischeren und feigeren Naturen gewesen sei. Wer jetzt daran Teil nimmt, muß ein gutes Stück pöbelhafter Gesinnung in sich tragen." (XI/49).

Versteht man es jetzt, daß es nicht der arische Edelmensch in Nietzsche allein war, der sich dem Schicksal, das den Juden drohte, so leidenschaftlich entgegenstemmte? Es war der Kulturphilosoph in ihm, dessen Idiosynkrasie gegen antikulturelle Sklavenaufstände jeder Art, ihn dazu zwang sich gegen den europäischen Antisemitismus zu wenden. Die Gestaltung der Zukunftskultur, eine Aufgabe, die für ihn in seiner letzten entscheidenden Schaffensperiode primär wird, will er sich nicht durch eine parakulturphilosophische Strömung zweifelhafter und unberufener Elemente aus der Hand winden lassen. Und versteht man es jetzt, was noch niemand zu deuten wußte, daß er in Todfeindschaft gegen die unlautere

Konkurrenz einer pseudowissenschaftlichen und menschlich-niedrigen Bewegung, auf einen der berühmten Turiner Abschiedszettel, die er an seine nächsten Freunde richtete, und die, wie müde Brieftauben dem Gehege seines in Nacht versinkenden Geistes entflatterten — auf den für Overbeck bestimmten — mit zitternder Hand die Worte niederschrieb: „Ich will alle Antisemiten erschießen lassen."

SYNTHESE

Ich bin ein froher Botschafter . . .

ECCE HOMO

WIE Pascal in der religiösen Krisis seiner Zeit zum Religionsphilosophen wurde, so wächst in Nietzsche aus der kulturellen Krisis seiner Epoche der Kulturphilosoph. Und so wie Pascal in der dogmatischen Erstarrung seines Zeitalters immer wieder neu um Gott ringt, so wird für Nietzsche in der bürgerlich-normalisierten Sphäre seiner Umwelt die Frage der Kultur wieder zum Problem. Schon Plato hatte die Philosophen als Leiter der Staaten berufen, aber Nietzsche hatte nichts von dieser Art Philosoph in sich, und ein Mark Aurel wäre ihm wahrscheinlich zu viel Philosoph gewesen. Mit Nietzsche beginnt eine neue Art Kulturphilosophie, die fast nichts mit seinen großen Vorgängern gemein hat. Die Vico, Herder und Hegel waren im Grunde als Kulturphilosophen von einer tiefen Neutralität in bezug auf neue Kulturforderungen, und ihre Methode war letzthin die einer musisch-gestaltenden Geschichtswissenschaft. Was Nietzsche von allen abgrenzt, ist das Bestreben, an den Aufgaben einer zukünftigen Kultur entscheidend mitzuwirken, und so wird sein Werk besonders in der letzten Schaffenszeit zu einer Art System, zu einem Programm, das Fragment geblieben ist, und das ebensowenig zu Ende gedacht, wie die Unvollendete zu Ende vertont werden kann. Und doch ist aus dem, was vorliegt, zu ersehen, was Nietzsche wollte. Nietzsche ist, wie wir sahen Anti-Revolutionär. Sein Werk ist voller Feindschaft gegen die Revolution, den Aufstand der Straße und des Pöbels, der alte Götzen beseitigt, um neue an ihre Stelle zu setzen. Zarathustra verwirft die Revolution, die „Bildwerke stürzt", und niemals sind wohl leidenschaftlichere Worte gegen den Aufstand der Massen gefallen, als in Nietzsches Bekenntnisbuch. So läge denn der Gedanke nahe, daß Nietzsche ein einfacher Evolutionist gewesen sei, der in einer gedeihlichen, ruhigen Weiterentwicklung der Kultur ihr Heil gesehen hätte. Wäre dem so, wir hätten keinen Nietzsche. Mitten in der kulturellen Krisis seines Jahrhunderts, deren weiteres Ansteigen er klar voraussieht, erkennt er, daß etwas Neues geschehen muß. Aber gibt es denn noch Neues zwischen den Polen der Revolution und der fragwürdigen Statik einer sich selbst überlassenen kulturellen Entwicklung? Es ist Nietzsches große Tat, hier ein Neues bewußt in den Stromkreis dieser Polarität eingeschaltet zu haben. Eine neue Art Revolutionär kündet sich in dem Kulturphilosophen Nietzsche an, und er, der die Revolution bekämpft, findet die neue Formel; denn hat nicht jeder das Recht, dem herkömmlichen Begriff der Revolution gegenüber, selbst wieder zum Revolutionär zu werden? Nietzsche tat es. Er, der die Weltrevolution ablehnt, verlangt die Revolutionierung der Welt. Dies alles wächst nicht so geradlinig, wie es der Kritiker auf dem anscheinend eigens gezimmerten Rundhorizont einer späteren Zeit sich plastisch abheben sieht. Es wächst langsam und dämmert auf unter fürchterlichen Erschütterungen und Zweifeln eines von seiner Umwelt völlig isolierten Schöpfers. Den Liberalismus alter Schule hatte Nietzsche als „Mittelmäßigkeit" abgetan. Das geistige Manchestertum seiner Zeit behagte ihm nicht, aber wer wie er die revolutionäre Umgestaltung der Privatwirtschaft ablehnt, aus der wieder die an das Privatkapital gebundene Weltwirtschaft erwächst, muß nach noch größeren Zusammenhängen spüren. Dort, wo die Revolution ausgeschaltet werden soll, muß sie durch eine neue Gesamtauffassung aller kulturellen Werte ersetzt und überflüssig gemacht werden. Die Revolutionierung der Welt bedeutet letzthin die Einbeziehung, Aktivierung und Steigerung des gesamten Erdraums in wirtschaftlicher und geistiger Beziehung. Diese neue Auffassung von Erde und Welt, wobei die Welt — als Ökumene gedacht — Regulativ und Ventil gegenüber den Kräften der Revolution wird, erscheint als Grundvoraussetzung einer totalitären Zukunftskultur, die jenseits aller Pseudowertungen von Menschen, Rassen und Völkern sich abzeichnet. Die Schlagworte entscheiden nicht. Die Zukunftskultur rechnet nicht mit Rassen und Völkern, nicht mengen-, sondern wertmäßig, nach neuen Wertungen und Schätzungen, mit einer Rangordnung der Werte und Individuen, die allein der schöpferische, seiner höchsten Verantwortung bewußte Gesetzgeber vorzunehmen hat, und so erscheint Nietzsche das, was er der Revolution in ihrer Ausweglosigkeit entgegenzustellen hat, im Begriff der „großen Politik". Und Nietzsche spricht, das von seiner Zeit noch nicht verstandene Wort aus, daß mit ihm und seiner kulturphilosophischen Schau die „große Politik" erst beginne. Wir stehen bei Nietzsche an einem Wendepunkt in der Auffassung von den Aufgaben einer zukünftigen Kultur, Aufgaben, die heute schon zu Gegenwartsproblemen geworden sind. So wie die Zeit vorüber ist, da man glaubte, die soziale Frage durch Wohltätigkeitsveranstaltungen lösen zu können, so ist auch kein Raum mehr dafür, die Kultur sich selbst zu überlassen und nur hin und wieder bei kulturellen Funktionsstörungen lenkend einzugreifen. Wer am Leibe der Kultur, wie am Problem der sozialen Frage nur Flickwerk übt, versündigt sich am Höchsten: der Weiterentwicklung von Welt und Menschheit. Stärker als Athen und Rom, stärker als Jerusalem oder Alexandria hatte Nietzsche erkannt, daß es nicht auf die Einzelbezüge ankommt, auf Wissenschaft und Kunst, auf Wirtschaft, Recht und Politik, auf Nationen und Staaten, sondern auf ihren Überbau, auf die mächtige Kuppel, die sich über der Menschheit wölben soll: auf ihre sinnvolle Gesamtkultur. Die alte Formel, daß der Mensch sich seine Kultur selbst schaffe, wird problematisch, und die Erkenntnis glimmt auf, daß eine neue geniale Konstruktion des Kulturaufrisses dazu berufen sei, sich eine neue Art Mensch zu formen. Ein neuer, höherer Mensch soll erscheinen, um sich alsdann wieder eine neue, höhere Kultur zu gründen.

Europa, der alte Weltteil, ist der Umpire-Sitz Nietzsches, von dem aus er, der sich wahrlich mit Recht und mit Stolz einen „guten Europäer" nannte, das Schauspiel alter und heranrückender Kulturen genießt. Seine Gesamtwertung erfolgt daher bewußt vom Blickpunkt des europäischen Menschen her. Vom Standpunkt der Erhaltung der europäischen Tradition sieht der Anti-

Revolutionär und Radikal-Aristokrat Nietzsche, wie Georg Brandes ihn nannte, in den europäischen Juden ein anti-revolutionäres Element. Er erkennt in den Juden „die konservierendste Macht in unserem so bedrohten und unsicheren Europa. Sie können weder Revolutionen brauchen, noch Sozialismus, noch Militarismus: wenn sie Macht haben wollen und brauchen, auch über die revolutionäre Partei, so ist dies nur eine Folge des vorhergesagten und nicht im Widerspruch dazu." Nachdem Nietzsche so festgestellt hat, daß die Juden ein europäisches Ferment bilden, muß er auch zu der antisemitischen Parole seiner Tage Stellung nehmen, wonach die Juden angeblich die Herrschaft in Europa an sich reißen wollen. Vielleicht könnten sie es, meint Nietzsche, nicht ganz unbeeinflußt von der um ihn eifernden Propaganda, aber „daß sie nicht darauf hinarbeiten und Pläne machen, steht fest."

Was aber die Frage der Legitimation der Juden, als eines Volkes, welches nicht zur europäischen Urbevölkerung gehört, an Europa betrifft, so fühlt der Instinkt des Kulturphilosophen Nietzsche, daß die Beantwortung dieser Frage davon abhängt, in welchem Grade die Juden mit Europa verwurzelt sind und sich mit diesem Erdteil geistig verbunden haben. So erscheint es nicht zufällig, daß Nietzsche von den einst zugewanderten Juden positive Leistungen für den von ihm geliebten Kontinent verlangt, womit sie ihr Bürgerrecht auf Leben und Existenz im alten Europa sich zu verdienen und abzugelten die Pflicht hatten. Und Nietzsche findet diese Dienste und Taten für Europa in so starkem Maße, daß er zum Ergebnis kommt, „Europa habe den Juden manches zu verdanken." Wo aber ein Dank geschuldet wird, muß von dem andern stets ein Mehr getan worden sein, als eigentlich notwendig war. Wenn Nietzsche feststellt, „daß Europa den Juden den hohen Stil in der Moral verdanke," so schließt er hiermit an seine Auffassung von der geistesgeschichtlichen Bedeutung des antiken Judentums für das Abendland an; aber Europa verdankt den Juden Wesentlicheres und Wichtigeres. „Europa ist gerade in Hinsicht auf Logisierung, auf reinlichere Kopf-Gewohnheiten den Juden nicht wenig Dank schuldig... Überall, wo Juden zu Einfluß gekommen sind, haben sie feiner zu scheiden, schärfer zu folgern, heller und sauberer zu schreiben gelehrt." (XII/271).

Diese Anerkennung ist im Grunde nur eine Paraphrase der Meinung Nietzsches, daß die Juden „Geist" haben, und wie sollte sich Geist anders auswirken, als durch Leistungen und Bemühungen im Geistigen. Aber darüber hinaus kommt Nietzsche zu einer Wertung von überragender und entscheidender Bedeutung. Das moderne Judentum hat seit seinem Eintritt in die europäische Zivilisation diese maßgeblich mitgestaltet, und Nietzsche, der Kenner und Liebhaber des Griechentums, der arisch-europäische Philosoph, der im Grunde jeder Art Orient fremd gegenüberstand, entdeckt, daß es die abendländischen Juden waren, welche die griechische Kultur eigentlich für Europa gerettet haben.

In den dunkelsten Zeiten des Mittelalters, als sich die asiatische Wolkenschicht schon über Europa gelagert hatte, waren es jüdische Freidenker, Gelehrte und Ärzte, welche das Banner der Aufklärung und der geistigen Unabhängigkeit unter dem härtesten persönlichen Zwange festhielten, und Europa gegen Asien verteidigten; ihren Bemühungen ist es nicht am wenigsten zu danken, daß eine natürlichere, vernunftsgemäßere und jedenfalls unmystische Erklärung der Welt endlich wieder zum Siege kommen konnte und daß der Ring der Kultur, welcher uns jetzt mit der Aufklärung des griechisch-römischen Altertums zusammenknüpft, unzerbrochen blieb. *Wenn das Christentum alles getan hat, um den Occident zu orientalisieren, so hat das Judentum wesentlich mit dabei geholfen, ihn immer wieder zu occidentalisieren; was in einem bestimmten Sinne so viel heißt, als Europas Aufgabe und Geschichte zu einer Fortsetzung der Griechischen zu machen;* (VIII/337).

Ist es nicht von ungemeiner Wichtigkeit in unserer Zeit, in der gewisse Kulturphilosophen in tendenziöser Weise gerade den entgegengesetzten Standpunkt vertreten, sich, was die entscheidende geistige Mittlerrolle des abendländischen Judentums angeht, auf einen Nietzsche berufen zu können. Nietzsche, der, wie wir nun schon wissen — zum guten Glück seiner Erkenntnisse — kein Philosemit war, hatte mit genialen Blick das eminent

Europäische im Wesen des abendländischen Juden erkannt. Wenn wir drei Epochen des Erstarkens der europäischen Geistigkeit unterscheiden, so hatte Nietzsche in seiner kulturphilosophischen Sicht wohl die erste vor Augen, jene Zeit des großen Hohenstaufenkaisers, des von ihm verehrten Herren- und Geistmenschen Friedrich II., der an seinen glänzenden Hof auch jüdische Gelehrte berief, die er mit der Übersetzung griechischer Philosophen und Schriftsteller beauftragte. In der Sphäre der Urbanität dieses wahrhaften Monarchen, erwuchs die erste Periode der europäisch-geistigen Kultur. Aber auch in der zweiten Periode begegnen wir, gleich zu deren Beginn, geistigen Juden. Dieser Abschnitt beginnt mit Richelieu, dem Begründer des modernen Europas überhaupt, der einen französischen Juden, einen der geistvollsten Pariser Gelehrten, in die neugegründete französische Akademie, den ersten und vielleicht letzten Hort der europäischen Geistigkeit, berief. Die dritte Periode beginnt um 1800 und setzt sich bis heute fort. Was in ihr Juden für die Kultur Europas geleistet haben, gehört der europäischen Geistesgeschichte an. Und wenn man heute behauptet, diese Epoche sei nun endgültig beendet, und wenn man sie, ohne irgend etwas entscheidend Neues an ihre Stelle setzen zu können, gleichsam durch Dekret für abgelaufen erklärt, so sei es darum. Die Kultur lebt, wie der König, wenn er stirbt, und Menschen, die geistige Kraft und Fähigkeiten genug hatten, um in drei Zeitaltern der europäischen Geistigkeit Gültiges zu leisten, werden es auch in einem vierten tun.

Aber nicht nur in den Bezirken der Wissenschaft haben Juden an dem Aufbau der europäischen Kultur entscheidend mitgewirkt, auch dort, wo der Strom des Geistes in das Meer des Lebens mündet, in der Kunst ist ihnen Großes gelungen. Dem Künstler Nietzsche konnte dies nicht entgehen. Er selbst ein Dichter von höchsten Graden, hat einem Heine von seinen frühen Knabenjahren bis zu seinem letzten Buch, in welchem er Abschied von sich nimmt, dem „Ecce homo", die geistige Treue bewahrt. Seine Liebe und Bewunderung sind unbegrenzt, wobei er sich stets bewußt bleibt, daß Heine Jude war. „Deutschland, so schreibt er, hat nur einen Dichter hervorgebracht, außer Goethe: das ist Heinrich Heine — und der ist noch dazu ein Jude." Mit Schalksinn stellt er in einem Brief an die Schwester Wagner und Heine nebeneinander und nennt sie, „die beiden größten Deutschen ihrer Zeit." Diese Liebe zu Heinrich Heine bleibt aber, wie jede echte Liebe, nicht im Theoretischen haften. Es läßt sich stilkritisch nachweisen, daß der Schriftsteller Nietzsche von dem Prosaisten Heine gewisse Stileigentümlichkeiten übernommen und weitergebildet hat. Einem Künstler aber gilt Nietzsches besondere Liebe, und mehr noch als eine Liebe, ein Hinneigen aus innerer Verwandtschaft. Es ist Jaques Offenbach, der Musiker, den Nietzsche, wie sich aus einer Notiz der letzten Schaffenszeit ergibt, sogar unter die großen umwertenden Geister versetzt. In Offenbach hat der jüdische Geist, so glaubt er, einen genialen Gipfelpunkt europäischer Kunst gewonnen, und mit rückhaltloser Bewunderung erklärt Nietzsche, daß „die Juden mit Heinrich Heine und Offenbach in der Sphäre der Kunst das Genie gestreift, und an die supremste Form der Geistigkeit gerührt haben." Und mehr noch. In der „genialen Bouffonnerie", jener Überform der romantischen Ironie eines Schlegel, die einst Nietzsche selbst beeindruckt hatte, erkennt er den letzten Sinn der künstlerischen Leistung eines Heine und Offenbach, und elegant übersteigernd, erklärt er mit Heine und Offenbach „sei die Potenz der europäischen Kultur wirklich überboten."

Juden und europäische Kunst. Zahllose Gestalten und Gesichter steigen vor uns aus dem Schattenreiche auf und wollen beschworen werden. Wir sehen Felix Mendelssohn, wie er im Filigran seiner Töne den Wald mit Elfen und Gnomen bevölkert, in welchem der große Brite seinen „Sommernachtstraum" träumt. Wir sehen im nächtlichen Weinkeller den Dichter E. T. A. Hoffmann mit seinen jüdischen Freunden, dem Kriminalrat Hitzig und dem Arzt Koreff. Es sind die „Serapionsbrüder". Aus der Anregung dieser geisterfüllten Stunden erwächst einer der schönsten Novellenbände der deutschen Literatur. Wir sehen Jacques Offenbach, den Nietzsche übermütig Sankt Offenbach nannte, wie er den Freund Flotow bei der Partitur dessen deutschester Oper

Martha berät. Wir sehen den lebenstollen italienischen Juden Lorenzo Da Ponte, wie er als Librettist Mozarts selbst in die Walhalla der europäischen Kunst eintritt. Und wenn in Gustav Mahlers gewaltiger dritter Sinfonie nach einem Aufbrausen aller Instrumente das Orchester schweigt, bis plötzlich auf dem A der leise grollenden Bässe eine Altstimme den Rundgesang Zarathustras emporträgt, dann ist hier für alle Zeiten die Synthese zwischen europäisch-arischem und europäisch-nichtarischem Genius vollzogen und in eine Sphäre der Gemeinsamkeit entrückt, aus der sie, wie es auch immer sei, nicht mehr gelöst werden kann.

So wie aber jeder Panegyrikus dem Preisenden mehr Freude macht als dem Gepriesenen, so geht es auch den Lobrednern der europäischen Geistigkeit. Die grauen Massen, die von Nietzsche so verachtete Menschenherde, wissen wenig davon, daß sie Europäer sind. Ihnen ist zumute wie jener Schönen, die beim Empfang eines Blumenstraußes meinte, ein warmes Abendessen wäre ihr lieber gewesen. Es war die fatale Leistung der Romantik, deren Schüler hierin auch Nietzsche war, einen übergeordneten Begriff von Europa geschaffen zu haben, der die Geister verwirrte und dessen Leidtragende immer die waren, welche sich darauf verließen; und stets waren es die Besten. Aber Nietzsche war Romantiker und Realist zugleich. Er fühlte, daß Europa nicht nur eine geistige Einheit war und eine unsterbliche Geliebte für die wenigen Wissenden. Er sah Europa auch als Realität, als einen Weltteil, der von sehr unterschiedlichen Nationen bevölkert ist, Nationen von jener oft übersteigerten nationalen Empfindlichkeit und einem nationalen Dünkel, in welchem Nietzsche das Haupthindernis für ein einheitliches, geistiges, übernationales Europa erblickte, das er suchte. Die Juden, so erkennt er, haben sich von diesem Nationalismus befreit; zwar fehlte er ihnen auch einmal nicht, aber sie sind im Laufe ihrer Geschichte dagegen „blutig geimpft" worden. Für die Juden aber, diese geborenen Europäer, erwächst, da ein Europa an sich nicht besteht, die hohe Pflicht, sich in die einzelnen nationalen Gemeinschaften einzuordnen und sich ihnen zu assimilieren. Was nutzt aber der aufrichtigste Wunsch nach Assimilation, wenn er bei den Menschen und Völkern, denen er gilt, kein Echo erweckt, und wenn die geschichtliche Entwicklung das, was sie im Tageslicht der Zivilisation webte, in der Nacht der kulturellen Verfinsterung wieder aufdröselt wie Penelope ihr Gewand? Und was hilft das schönste Vaterland, wenn es sich, wie der Geist von Hamlets Vater, dann von uns kehrt, wenn wir seiner am meisten bedürfen?

Nietzsche stellt fest, daß dieser Einschmelzungsprozeß sich in den verschiedenen Nationen auch verschieden abgespielt hat. In Frankreich und England ist er leichter vor sich gegangen, als in Deutschland. Woran liegt dies? Ist der naturgegebene Unterschied zwischen Deutschen und Juden größer als der zwischen ihnen und andern Völkern, oder sind die Deutschen weniger „europäisch" im Nietzsche'schen Sinne als andere Nationen? Nietzsche neigt wohl zu dieser Annahme, wenn er — für seine Zeit — glaubt, daß „die Art der Deutschen noch schwach und ungefestigt" sei. Trotzdem befürwortet er die jüdische Assimilation auch in Deutschland, „mit Vorsicht und Auswahl." Ist es nicht ergreifend, heute zu lesen, wie Nietzsche über die Sehnsucht der europäischen und besonders der deutschen Juden schreibt, daß sie danach dürsten, endlich irgendwo festen Fuß zu fassen, erlaubt, geachtet zu sein und dem Nomadenleben, dem Ewigen Juden ein Ziel zu setzen. Und man sollte, so fügt er hinzu, „diesen Zug und Drang wohl beachten und ihm entgegenkommen."

Die endgültige Angleichung und Assimilation der deutschen Juden an deutsches Wesen und deutschen Geist ist aber nach der Ansicht Nietzsches, des Verfechters der „großen Politik" nur unter einer Voraussetzung möglich und durchführbar. Als diese Grundvoraussetzung erscheint ihm, daß die weitere Einwanderung uneuropäisierter jüdischer Menschen aus dem Osten Europas nach Deutschland unterbunden wird. „Deutschland hat genug Juden" so meint er, und deshalb müssen „die Tore nach dem Osten zugeschlossen bleiben." Diese Verhinderung der weiteren Einwanderung liegt nicht nur im Interesse der Deutschen; sie liegt im ureigenen Interesse der deutschen Juden selbst. Und um zu verdeutlichen, wie höchst ernsthaft ihm diese Mahnung gemeint sei, fügt er ihr den mystischen Warnungs- und Weckruf Zarathustras hinzu: „Es ist Zeit, ja die höchste Zeit!"

Aber wer kennt Nietzsche, und vor allem — wer liest ihn? Schon Lessing hatte in seinem berühmten Epigramm beklagt, daß man leichter einen Mann für bedeutend erklärt, als daß man ihn liest. Der Mensch ist ein Traumwandler und handelt nur, wenn er muß, und wenn man ihn treibt. Hätte man von je Kulturprophylaxe getrieben, die Weltgeschichte hätte einen andern Gang genommen. Über Philosophen möge man in Hörsälen vor Studenten Vorträge halten, und dazu noch in usum delphinorum. So aber liest man das, was in den Katalogen der Leihbibliotheken verzeichnet ist. Gewiß ist es gleichgültig, welche Romane mit erotischen Pseudoproblemen im Boudoir der Dame liegen, aber nicht gleichgültig ist, was die Menschen lesen, denen das Schicksal die Verantwortung für die Entwicklung der Kultur auferlegt. Wäre es nicht eine Aufgabe für eine Zukunftskultur, in den Wohnungen nicht nur die Wasserleitungen, Telephone und elektrischen Zähler zu prüfen, sondern auch — die Bibliotheken?

Man könnte an Widersprüche in den Anschauungen Nietzsches denken, wenn er von der „Schönheit der rassereinen Jüdinnen" und zugleich von der Häßlichkeit vieler eingewanderter polnischer und galizischer Juden spricht. Aber hier klafft kein Widerspruch. Gerade aus dieser Antithese erwächst der tiefste Sinn der Nietzsche'schen Kulturphilosophie. Auch ein Treitschke hatte schon von der Häßlichkeit mancher jüdischer Einwanderertypen gesprochen, aber er tat es bewußt als Judengegner. Wie anders fühlt und denkt Nietzsche, der frohe Botschafter. Nietzsche ist als Kulturphilosoph Anti-Darwinist aus Instinkt. Er steht dem Lamarckismus nahe, dessen Wertungen dem Wirken des Kulturwissenschaftlers freieren Spielraum zu gewähren scheinen, und die dem Lamarckismus verwandten Umwelttheorien eines Taine hatten ihn in seiner letzten Schaffenszeit stark beeindruckt. So weiß er, daß die Einflüße der Umwelt den Typus Mensch entscheidend gestalten, und für Nietzsche ist damit aus der Schönheit gepflegter jüdischer Frauen und der Häßlichkeit armer, aus dem Ghetto kommender und vielleicht aus dem Ghetto vertriebener Juden der Beweis dafür erbracht, daß in dieser Gemeinschaft von an sich zusammengehörenden Menschen ein fürchterlicher Abgrund sich auftut. Und Nietzsche, dessen höchstes Wunschbild die Aufartung und darüber hinaus die Höherzüchtung des Menschen ist, sieht sich den Hauptfragen seines kulturphilosophischen Wollens gleichsam am Phantom gegenüber. Er, der die feinste Witterung für jede Art von Dekadenz, von seelischer und körperlicher Entartung hat, erkennt die tiefe Tragik des Judentums im Zusammenbruch der Juden als Volk, und so stellt der Kenner der altarischen Gesellschaftsordnung fest, daß „den Juden als Volk zwei Kasten verloren gegangen sind, die des Kriegers und die der Ackerbauer.

Sie sind in diesem Sinne die Verschnittenen, sie haben den Priester und dann sofort den Tschandala." (XVIII/138).

Wir sind hier an der Stelle angelangt, an welcher Nietzsche in der Frage nach den Juden am tiefsten lotet. Und noch einmal erkennen wir die weltweite Spannung, wie sie sich in den kulturphilosophischen Strömungen am Ausgang des 19., Jahrhunderts zeigt. Wagner hatte als Kulturphilosoph die Rettung aus der Kulturkrisis unter anderm in Vegetarianismus und Antisemitismus zu finden geglaubt, Nietzsche sah im Antisemitismus den Weg, der immer weiter ins Dickicht der Krisis führen mußte. Nietzsche nähert sich seinem Problem bewußt als Eugenetiker. Der Krisis der Kultur kann nur durch eine konstruktive Regeneration der Menschheit gesteuert werden. Zu Beginn der achtziger Jahre lernt Nietzsche auf seinen Wanderungen in Italien den jüdischen Österreicher Paneth, einen begabten Naturwissenschaftler, kennen. Es kommt zu einem näheren Verkehr zwischen den beiden und Paneth, der geistige Jude, der Nietzsche schon gelesen hatte, ist ungemein stolz mit ihm Umgang pflegen zu können. So erscheint es mehr symbolisch als zufällig, daß Nietzsche mit Francis Galtons eugenetischem Hauptwerk unter dem Arm Dr. Paneth aufsucht. Er bespricht mit ihm die Möglichkeiten der Regenerierung der jüdischen Massen, und erörtert mit Paneth zu einer Zeit, da es eine national-jüdische Idee noch kaum gab — zur Wiederaufrichtung des genialen jüdische Volkes und seiner Menschen, die Frage des Wiederaufbaus — Palästinas [10]). So wächst aus dem Dichter, dem Philosophen, dem Psychologen, dem Kulturphilosophen Nietzsche das, was noch höher ist, als alle höchsten Einzelbezüge des genialen Schöpfers bedeuten können: der große, helfenwollende Mensch.

Aber man mißverstehe nicht. Es lag Nietzsche fern, einem neuen Nationalismus das Wort zu reden. Er, der geschworene Feind aller übernationalisierten Gemeinwesen, der Vorkämpfer der Erdregierung und eines universellen Völkerbundes, konnte nicht den Wunsch hegen, neue Herde nationaler Instinkte, die letzthin immer gegen Menschen anderer Art sich richten, zu begründen. „Palästina" wird ihm so zum Gleichnis für eine Neueinrichtung der Welt und der Diesseitzbezüge; und so erscheint Nietzsche die richtige Besiedlung und Auswertung der Erdoberfläche, die auch Wagner in seinen letzten kulturphilosophischen Arbeiten als eine der wichtigsten Aufgaben der Zukunft erkannt hatte, nicht als eine nationale, sondern als eine ökumenische Botschaft schlechthin. Die Notwendigkeit der Regeneration der jüdischen Massen wird Sympton für sein Programm der Aufartung des Typus Mensch. Der Forderung Nietzsches nach Neueinrichtung der Ökumene entspricht aber sein Wunsch nach Höherzüchtung des Menschen. Was er als „europäisches Problem" empfindet, ist die Gründung einer neuen europäischen Herrenrasse, welche berufen sein soll, über Europa zu herrschen. Und für die Bildung dieser neuen Rasse verlangt er die

Heranziehung des jüdischen Elements. Es unterliegt für Nietzsche keinem Zweifel, daß die Juden zur Gründung einer „kräftigen europäischen Mischrasse ebenso geeignet sind, wie irgendein anderer nationaler Rest." Aber nicht allein darauf kommt es an. Die Begründung einer neuzuschaffenden europäischen Herrenrasse ist das wahre Ziel des Kulturbiologen Nietzsche. Sie soll dazu berufen sein, die Kultur Europas, um die es ihm geht, entscheidend zu erhöhen, und gerade zur Bildung dieser neuen Rasse hält er das jüdische Element, soweit es zur Elite zählt, für hervorragend befähigt, und er meint, „ich gestehe, daß den Juden Fähigkeiten innewohnen, welche als Ingredienzen bei einer Rasse, die Weltpolitik treiben soll, unentbehrlich sind [11]). Den möglichen Einwand aber, daß die Gründung dieser neuen Herrenrasse demnach auf einer Mischung von verschiedenen Rasseelementen beruhen würde, begegnet Nietzsche selbst. Es ist nicht irgendein liberalistischer oder vager toleranter Kulturphilosoph, sondern der bewußte Arier Nietzsche, der in einem ausdrücklich „*gegen arisch und semitisch*" überschriebenen Aphorismus gegen die natürliche Auslese im darwinistischen Sinne für die künstliche Zuchtwahl eintritt, wenn er proklamiert: „wo Rassen gemischt sind, der Quell großer Kulturen." (XVI/374). Nicht nur dem revolutionären Antisemitismus, auch der reaktionären Rassenlehre hatte Nietzsche somit eine eindeutige Absage erteilt.

So sah Nietzsche die Juden in der Vergangenheit

ihrer Geschichte und in der Gegenwart seiner eigenen Zeitlichkeit. Was aber wird die Zukunft bringen? Mußte nicht ein Nietzsche, der zukunftsbesessenste aller großen Denker, auch den Wunsch haben in eine Zukunft zu blicken, deren Fanale schon vor ihm aufleuchteten. Und er tut es, zugleich den Beweis dafür erbringend, daß Prophetie nicht nur eine Gabe des jüdischen Genius allein ist, wenn er voraussieht, daß „zu den Schauspielen, auf welche uns das nächste Jahrhundert einladet, die Entscheidung im Schicksal der europäischen Juden gehört." Aber Nietzsche sieht diese Entwicklung nicht nur voraus, er fürchtet sie. Europa droht, so ahnt ihm, der Verlust eines Teiles seiner europäischsten Menschen. Und die gleiche Hand, die das „trunkene Lied" niederschrieb, notiert sich mit sachlichem Kalkül, „was bliebe vom europäischen Verstande übrig, wenn man den jüdischen davon abzöge."

Aber können wir so kühl von unserm Meister Abschied nehmen und er von uns? Und so wie ein Voltaire für Calas' Leben, ein Balzac für den Notar Pythel, ein Dostojewski für die unschuldig verurteilte Mörderin als große und freiwillige Verteidiger in die Schranken traten, so tritt Friedrich Nietzsche vor dem Richtersitz der Geschichte für die Sache der Juden ein:

> In Europa aber haben sie eine Schule von achtzehn Jahrhunderten durchgemacht, wie sie hier kein anderes Volk aufweisen kann, und zwar so, daß nicht eben der Gemeinschaft, aber umsomehr den Einzelnen

die Erfahrungen dieser entsetzlichen Übungszeit zu Gute gekommen sind. Jeder Jude hat in der Geschichte seiner Väter und Großväter eine Fundgrube von Beispielen kältester Besonnenheit und Beharrlichkeit in furchtbaren Lagen, von feinster Überlistung und Ausnützung des Unglücks und des Zufalls, ihre Tapferkeit unter dem Deckmantel erbärmlicher Unterwerfung, ihr Heroismus in spernere et se sperni übertrifft die Tugenden aller Heiligen. Man hat sie verächtlich machen wollen, dadurch daß man sie zwei Jahrtausende lang verächtlich behandelte und ihnen den Zugang zu allen Ehren, zu allem Ehrbaren verwehrte, dafür sie umso tiefer in die schmutzigeren Gewerbe hineinstieß, und wahrhaftig, sie sind unter dieser Prozedur nicht reinlicher geworden. Aber verächtlich? Sie haben selber nie aufgehört, sich zu den höchsten Dingen berufen zu glauben, und ebenso haben die Tugenden aller Leidenden nie aufgehört, sie zu schmücken.

Die Wahrheiten der Genies sind die Irrtümer der Epigonen, und fast jede geistige Großtat wird in ihr Gegenteil verkehrt. Und die Auserwählten der Menschheit hätten ihre goldenen Becher, wie jener König in Thule, wohl eher in ein Meer geworfen, als sie eines Tages in den Händen klein- und mißverstehender Erben zu sehen. Nietzsche hätte keinen Aphorismus niedergeschrieben, wenn er gewußt hätte, daß man aus seiner Umwertung einst eine Abwertung machen würde; Voltaire hätte keinen seiner brennenden Gedanken formuliert, wenn er daran gedacht hätte, daß sie einmal im Stile des „ami du peuple" auflebten; Karl Marx hätte nicht über die Ausrottung der Armut nachgegrübelt, wenn ihm bewußt gewesen wäre, daß man ein solches Beginnen in einer späteren Zeit zu einem strafwürdigen Verbrechen stempelte; und kein jüdischer Evangelist hätte seine glühenden Gesichte aufgezeichnet, wenn man ihm gesagt haben würde, daß harmlose Bürger und Bauern sich und andere in ihrem Namen niederschlügen. Vielleicht würde sogar der Amerikaner Wright die Konstruktionspläne seines Flugzeugs wieder vernichtet haben, hätte er geahnt, daß man mit dessen Hilfe in naher Zukunft unschuldigen und lebensfrohen Menschen den unverdientesten aller Tode bereitete. Aber die Weltgeschichte ist härter und gestählter als der Mensch. Immer wieder rufen ihre Fanfaren zu einer neuen Olympiade der Weltkultur, und kein Lebender irgend einer Generation ist berufen, das wahre Ziel zu erkennen und die letzte Siegerehrung mitzubegehen. Die Fahne aber, die am Zielband aufsteigt, möge das Banner der neuen Gerechtigkeit heißen, mit dem Bildnis der Göttin, welche in ihren Händen nicht mehr die richtende Waage hält, sondern die spendende Weltkugel.

Und die höchste Trophäe, die es zu erringen gilt, sei: die edlere Zukunft des menschlichen Geschlechts.

BELEGE

1. C. A. Bernoulli: Nietzsche und Overbeck.
2. Das sogenannte Manavadharmasastra, das berühmteste altindische Gesetzbuch.
3. Zitiert ist hier, wie an allen nachfolgenden Stellen nach Bänden und Seitenzahlen der Musarion-Ausgabe, der bisher vollständigsten der Werke Nietzsches. Wie mir die Leiter des Nietzsche-Archivs in Weimar erklärten, wird die im Erscheinen begriffene Historisch-Kritische Ausgabe, die erst in ungefähr fünfzehn Jahren abgeschlossen vorliegt, nichts wesentlich Neues zu unserm Thema enthalten.
4. Bekanntlich versuchen heute gewisse Kreise Christus zu einem Arier zu machen, so zum Beispiel die neuzeitliche Sekte der „Deutschen Christen". Hierbei kommt es oft zu den absurdesten Konstruktionen, wie der des deutschvölkischen Schriftstellers Dinter, der seine Behauptung, Christus sei ein Arier gewesen, dadurch zu beweisen sucht, daß er darlegt, seine Heimatstadt Nazareth sei von einem arischen, aus dem Kaukasus eingewanderten Stamm, den „Nazarini", gegründet worden.
5. Giovanni Battista Vico: Principi di una scienza nuova d'interno alla commune natura delle nazioni. 1725.
6. Es ist auffallend, wieviel jüdische Autoren sich in den Dienst des Werks Nietzsches gestellt haben. C. A. Bernoulli gibt in seinem oben genannten Buch eine Zusammenstellung. Von hervorragenden jüdischen Nietzsche-Forschern und Autoren seien hervorgehoben: Karl Joel: „Nietzsche und die Romantik" und Raoul Richter, der eine tiefgreifende Biographie Nietzsches geschrieben hat. Raoul Richter war ein Enkel des Komponisten Meyerbeer.
7. Professor Noether war Ordinarius der Mathematik an der Universität Göttingen. Seine Tochter wirkt noch

heute als Professorin der Mathematik an einem amerikanischen College.

8. Die objektive Betrachtung erheischt es, darauf hinzuweisen, daß die viel erwähnte Schwester Nietzsches, Elisabeth Föster-Nietzsche, in ihrem langen Leben auch mancherlei Wandlungen erfahren hat. Sie zog in ihren späteren Jahren hervorragende Juden als Gönner, Freunde und Mitarbeiter in den Kreis des Weimarer Archivs. Noch nach 1933 hatte der Verfasser Gelegenheit in die Nähe von Frau Förster-Nietzsche zu kommen, um festzustellen, daß sie die Wendung der Dinge keineswegs so beglückte, wie man es hätte erwarten können.

9. Elisabeth Förster-Nietzsche: „Wagner und Nietzsche zur Zeit ihrer Freundschaft"; und „Das Leben Friedrich Nietzsches."

10. Dr. Paneth: Briefe an seine Braut, veröffentlich in der „Nietzsche-Biographie" von Elisabeth Förster-Nietzsche.

11. Friedrich Mess kommt in seinem Buch „Nietzsche als Gesetzgeber", einem der wesentlichsten Werke, die bisher über das Gesantwerk Nietzsches geschrieben worden sind, zu dem gleichen Ergebnis, wenn er auch, wie es sich versteht, unser Thema nur en passant behandelt.

WAR NIETZSCHE EIN WEGBEREITER DES DRITTEN REICHES?

Zum 60. Todestag Friedrich Nietzsches

von Richard Maximilian Lonsbach

„Ich bin eine Pflugschar für alle“, sagte Friedrich Nietzsche von sich selbst, dieser große deutsche und europäische Denker und Dichter, dessen Leben am 25. August 1900 in Weimar – wie Beethovens – während eines Gewitters endete. Uns Epigonen erscheint es heute als eine Pflicht, an diesem Tag mit einer schaurigen Legende aufzuräumen, die sich an den Namen Nietzsches schließt, der Legende, daß er zu den Wegbereitern des Dritten Reiches gehörte, eine Legende, die ihre Nahrung darin fand, daß die deutschen Faschisten ihn aus seiner Höhe beschworen, sie, die nur dem Geiste glichen, den sie begriffen, nicht aber ihm. Mussolini hatte leichtfertig genug in seiner „dottrina del faschismo“ Nietzsche neben Sorel und dem futuristischen Maler Marinetti als Ahnherrn des Faschismus benannt, und seine deutschen Jünger folgten ihm kritiklos auf diesem Weg. So ist es zu erklären, daß das Unglaubliche geschah, daß Nietzsche, der gute Europäer, dessen Andenken und Werk heute noch auf seinen Namen lautende Gesellschaften in aller Welt ehren und pflegen, nach Beendigung des zweiten Weltkrieges für einen Wegbereiter des Dritten Reiches gehalten wurde. Und nicht nur das! Im Jahre 1945 erschien in Basel eine Broschüre mit dem Titel: „Sieben Thesen wider den Nietzsche-Geist“, worin ein hausbackener Schweizer Nietzsche zum Kriegsverbrecher erklärte. In reichlich plumper Weise heißt es darin, daß auch mit Nietzsches Lehre gründlich abgerechnet werden müsse, wenn man die Kriegsverbrecher zur Rechenschaft ziehen wolle. Die Frage aber, so schrieb damals schon ein anderer Schweizer, Walter Nigg, in der Neuen Zürcher Zeitung, die Frage des Verhältnisses Nietzsches zum deutschen Faschismus kann nicht mit dem Hinweis beantwortet werden, daß der Führer des Dritten Reiches Mussolini zu dessen 60. Geburtstag eine luxuriöse Gesamtausgabe von Nietzsches Werken übersenden ließ. Auch die Überreichung des Spazierstocks Nietzsches seitens seiner Schwester an Hitler sei kein Argument gegen den Philosophen.

In Wahrheit ist Nietzsche von den Faschisten geplündert worden und hat er dies angesichts der Waghalsigkeit und Hintergründigkeit seines Philosophierens schon vorausgeahnt und gefürchtet. Er selbst erkennt, daß man alles, was er lehrt und sagt, mißverstehen und verfälschen kann, und so ist sein Gesamtwerk voll von der ehrlichen und besorgten Bitte, ihn nicht zu verwechseln. In einem seiner Briefe heißt es: „Man pflegt mich zu verwechseln, ich gestehe es ein. Im gleichen, daß mir ein großer Dienst geschehen würde, wenn jemand anderer mich gegen diese Verwechslung verteidigte und abgrenzte."

Es ist eine Tatsache, daß die deutschen Faschisten sich sogleich mit dem von Elisabeth Förster-Nietzsche im Jahre 1924 in Weimar gegründeten Nietzsche-Archiv in Verbindung setzten. Hitler, so erzählte man sich in Weimar, habe der Schwester Nietzsches Besuche gemacht, ihr einen Rosenstrauß überreicht und der Greisin die Hand gestreichelt. Was aber erklärt dies seltsame Schauspiel, und was geschah in Wahrheit? Als ich zuletzt im Nietzsche-Archiv arbeitete, erzählte mir dessen Leiter, ein Verwandter Nietzsches, Hitler sei erst vor einigen Tagen im Archiv gewesen. Auf meine Frage, ob er denn Nietzscheaner sei, erwiderte mir der Archiv-Leiter nicht ohne Verlegenheit, Hitler habe ihm gesagt, er habe Nietzsche nicht gelesen, glaube jedoch, daß dessen Ansichten mit den seinen übereinstimmten! Welch ein Gaurisankar von Überheblichkeit türmt sich hier auf, wieviel Potemkinsche Dörfer des Geistes erstehen in dieser Antwort eines Mannes, von dem einer der größten europäischen Psychologen, der Schweizer C. G. Jung, der ihn reden gehört hatte, schreibt, er sei von trauriger Unbildung gewesen. Was aber ist des Rätsels Lösung? Der deutsche Führer hatte Elisabeth Förster-Nietzsche nicht in ihrer Eigenschaft als Schwester des großen Philosophen aufgesucht, sondern als Witwe des Antisemiten-Führers Förster, mit welchem sie in Südamerika eine deutsche Kolonie auf völkischer Grundlage gegründet hatte.

Hier sei in gebotener Kürze versucht, die Thematik der Hauptlehren Nietzsches gegen die faschistische Ideologie abzugrenzen, denn Grenzen und Laufgräben sind wahrlich zwischen der Gedankenwelt eines der sensibelsten Denker der Weltkultur, welcher von sich bekannte, daß ihn ein gebrochenes Wort schon krank mache, und denen, die ihrem Ehrgeiz und Haß Hekatomben mitleidlos opferten. Niemand kann leugnen, daß der Kulturphilosoph Nietzsche sich nach einer Regenerierung der Kultur und des Menschen sehnte. Welcher Edle des Geistes wäre mit seiner Zeit und seinen Zeitgenossen zufrieden und wünschte nicht, daß sein Tag endlich komme! Juvenal hat wahrscheinlich recht, wenn er meint, das goldene Zeitalter sei doch noch nicht angebrochen, es müsse erst kommen. Nietzsche glaubt wie Schopenhauer an die Verdorbenheit der Gesellschaft seiner Zeit, und stärker noch als Schopenhauer ist er davon durchdrungen, daß der wesentliche Sinn der Kultur das Erscheinen des Genies sei. Es war sein Schicksal, daß es ihm in der Person Richard Wagners begegnete, der in den „Bayreuther Blättern“ den gleichen Gedankengängen nachging. In Tribschen vor dem Hause Richard Wagners steht heute noch die Bank, auf welcher der Meister mit seinem viel jüngeren Freunde Nietzsche seine Gedanken über die Möglichkeit einer höheren Kultur tauschte, während zu ihren Füßen die blau-grünen Wasser des Vierwaldstätter-Sees rauschten.

In der vierten Unzeitgemäßen Betrachtung – „Richard Wagner in Bayreuth“ – hat der oft in Geheimnissen und Gleichnissen redende Nietzsche seine Liebe zum deutschen Volk und zu Wagner, in welchem er dessen Helden sieht, am unverhülltesten zum Ausdruck gebracht. Was war geschehen? Das Gesamtwerk Wagners war für Nietzsche eine einzige tönende Aufforderung und Mahnung zu einer neuen deutschen Kultur. Wagner war für ihn nicht nur der große Musiker und Dichter, Wagner hatte ein Anliegen, das zu erfüllen die Pflicht seiner Jünger war. So urteilt Nietzsche über die Situation seiner Zeit: Brutale Gier nach Geldgewinn von seiten der Unternehmenden, Hohlheit und Gedankenlosigkeit einer Gesellschaft, welche an das Volk nur so weit denkt, als es ihr nützt oder gefährlich ist.

In Bayreuth aber findet er vorbereitete und geweihte Zuschauer, die sich zu weiterem und höherem Wollen bestärken lassen. Was aber ist das Anliegen Wagners? Nietzsche übernimmt es zu deuten und schreibt: „Helft mir, so ruft (Wagner) allen zu, die hören können, helft mir, jene Kultur zu entdecken, von der meine Musik als die wiedergefundene Sprache der richtigen Empfindung wahrsagt, denkt darüber nach, daß die Seele der Musik sich jetzt einen Leib gestalten will...“ Was macht aber nach Nietzsches Meinung das tiefste Wesen der Wagnerschen Musik aus? „Ein Abgrund, in dem Kraft und Güte gepaart ruhen.“ „Ward dies *für euch* gedichtet“, „ihr Geschlechter jetzt lebender Menschen“, ruft Nietzsche, der Jünger, begeistert aus. „Habt ihr den Mut, mit eurer Hand auf die Sterne dieses ganzen Himmelsgewölbes von Schönheit und Güte zu zeigen...?“ Cave musicam – hüte dich vor der Musik, hatte Nietzsche immer wieder gewarnt. Sie macht die Seelen allzu empfänglich. Haben aber die Führer des Dritten Reiches, welche sich an der nach einer neuen Kultur verlangenden Musik Wagners berauschten, ihr den Leib gegeben, der einem Nietzsche vorschwebte? Wo war ihre Güte, welche ein Nietzsche als einen bestimmenden Wesenszug der Wagnerschen Kunst erkannt hatte? Die Frage stellen wäre schon ein Zynismus! Der tragische Imperativ Nietzsches aber „Lebe gefährlich“, welchen der große Leidende sich selbst zurief, um sich Mut zu machen, wandelt sich bei den Faschisten zur Maxime einer jeglichen Bedenkenlosigkeit, zu einer Devise, mit welcher sie ungestraft das Schicksal herauszufordern suchten wie Don Juan das Standbild des Komtur.

Wie ist es aber mit dem Übermenschen, der die Faschisten in Aufruhr brachte? Wahr ist, daß Nietzsche ein neues Menschenbild suchte; er heißt es den Übermenschen, dessen Erscheinen er für die Zukunft voraussah. Wie Wagner von der Zukunftsmusik, so spricht Nietzsche vom Zukunftsmenschen. Was für den Christen das Jenseits bedeutet, ist für Nietzsche die Zukunft. Sie ist ihm keine Zeit- und Ortsbestimmung – sondern ein Glaube, in welchen sein Gesamtwerk mündet.

Über den Übermenschen ist wahrlich viel, allzuviel geschrieben und gestritten worden. Eines ist sicher: Der Übermensch ist kein biologisches Großwesen geschweige denn einer der gewaltigen Gesellen aus dem zweiten Teil des Faust, und Habebald und Haltefest werden nicht zu Übermenschen, auch wenn sie Uniform tragen. Was aber ist der Übermensch? Er ist ohne Intuition nicht zu erfassen, und Nietzsche wird hier wie Faust von seinen eigenen Geschichten überwältigt. Der Übermensch ist von großer Schönheit, vielleicht von jener Schönheit, der man ins Antlitz zu schauen nicht wagen darf, wie jenem weißen Menschen, den die Helden Edgar Allen Poes im höchsten Norden erblikken. Dieser Übermensch – und hier gelingt Nietzsche einer der stärksten rhetorischen Formen in einem Oxymoron von erstaunlicher Kühnheit – dieser Übermensch ist – so steht es im Zarathustra – von furchtbarer Güte!

War dieser Nietzsche ein Wegbereiter des Dritten Reiches?

Vielleicht aber, so fragt man sich, bestand zwischen Nietzsche und der deutschen faschistischen Ideologie ein Zusammenhang mit deren Hauptthema: Rassenlehre und Antisemitismus. Hier ist die Antwort. Nietzsche hat sich von Wagner, seinem Sternenfreund, wegen dessen Antisemitismus getrennt, eine Trennung und ein Abschied, den kein Geringerer als Oswald Spengler – bewegend genug – das letzte Ereignis der deutschen Kultur genannt hat, über dem Größe liegt. Nietzsches Stellung zum Antisemitismus ist eindeutig. Er, der stets neue Wortverbindungen sucht, der sich häufig einen Anti-Esel heißt, nennt sich ebenso einen Anti-Antisemiten. Auch von den ihm Nahestehenden wünscht er eine klare Absage an den Antisemitismus. Von seinen antisemitischen Verlegern trennt er sich, und die Heirat seiner Schwester mit dem Antisemiten Förster führt zu einem offenen Familienzwist. In einem Brief an Overbeck rechnet er es dem jungen Kaiser Wilhelm hoch an, daß dieser sich von seinen antisemitischen Ratgebern getrennt habe. Als der Verleger Fritsch, der geistige Mittelpunkt und Organisator des Antisemitismus von damals, sich an Nietzsche wandte im Glauben, daß der Schöpfer des Zarathustra, des altiranischen Religionsstifters, der wertvollste aller Bundesgenossen sei, und ihn um seine Mitarbeit bat, lehnte

Nietzsche es in zwei Briefen ab, die zu den schönsten der gesamten deutschen Briefliteratur gehören. Die Zusendung der „Antisemitischen Korrespondenz", die der Kreis herausgab und die man ihm ins Haus schickte, verbittet er sich. Seltsam genug, der Wiedererwekker eines arischen Gottes war also kein Parteigenosse.

Oft genug wird Nietzsche in seinem Werk zum Verteidiger der Juden. Hören wir ihn selbst: „Unangenehme, ja gefährliche Eigenschaften hat jede Nation, jeder Mensch: es ist grausam zu verlangen, daß der Jude eine Ausnahme machen solle... Trotzdem möchte ich wissen, wie viel man bei einer Gesamtabrechnung einem Volke nachsehen muß, welches, nicht ohne unser aller Schuld, die leidvollste Geschichte unter allen Völkern gehabt hat, und dem man den edelsten Menschen (Christus), den reinsten Weisen (Spinoza), das mächtigste Buch und das wirkungsvollste Sittengesetz der Welt verdankt." Auch die Rassenlehre des Grafen Gobineau und seiner Jünger hat Nietzsche in entschiedener Weise abgelehnt. „Mit keinem umgehen, der an den Rassenschwindel glaubt", heißt eine seiner zahllosen Notizen zu diesem Thema. Konnte er sich stärker distanzieren?

Friedrich Nietzsche war nicht ein Wegbereiter des Dritten Reiches, sondern eines seiner Opfer. Er, dem eine Liebeskraft eignete wie kaum einem Schöpfer vor ihm, fiel in die Hände von Unbefugten, denen eine

Kraft des Hasses innewohnte, wie man ihr in der Geschichte noch nicht begegnet war. Kurz nach dem II. Weltkrieg begann sein Boykott. Das Nietzsche-Archiv in Weimar wurde geschlossen und in eine Schule umgewandelt. Seine Schätze, viele handschriftliche Manuskripte, die große Klinger-Büste des Philosophen und die Bibliothek wurden in den Räumen des früheren großherzoglichen Schlosses untergebracht, wo sie nur noch Werte der Vergangenheit unter anderen sind.

Dem Vorüberschreitenden aber, der sah, wie aus dem Sterbehause Nietzsches fröhliche Schulkinder auf die Straße liefen, überkam nach anfänglichem Unbehagen das Gefühl, daß hier etwas im Sinne des Meisters geschah, denn sprach nicht Zarathustra: „So liebe ich allein noch meiner *Kinder Land,* das unentdeckte, im fernsten Meere: nach ihm heiße ich meine Segel suchen und suchen."

NACHWORT

Die Neuausgabe des 1939 in der Reihe „Ausblicke“ des Bermann-Fischer Verlags in Stockholm erschienenen Buches von Richard Maximilian Lonsbach „Friedrich Nietzsche und die Juden. Ein Versuch“ bedarf einiger Erläuterungen. Nachdem ich vor Jahren – ich weiß nicht mehr, wann und wo, vermute aber, in einem niederländischen Antiquariat – diese kleine Schrift „entdeckt“ hatte, verwunderte es mich immer wieder, daß sie in der Nietzsche-Literatur fast nirgendwo beachtet worden ist. „An sich“ sollte man doch annehmen dürfen, daß ein 1939 in einem wichtigen Exil-Verlag veröffentlichtes Buch zu einem Thema, das damals weit brisanter war als heute, Interesse gefunden hätte. In der Tat bestätigen die außerhalb Deutschlands erschienenen Rezensionen, daß man – im Kontext jener Jahre – Lonsbachs Schrift besondere Aufmerksamkeit entgegenbrachte; offenbar ist das Buch aber nicht mehr nach Deutschland gelangt und teilt es insofern das Los nicht weniger Werke der Exil-Literatur. Aber es scheint noch etwas anderes mitzuspielen, nämlich die naheliegende Frage: Wer ist, wer war Richard Maximilian Lonsbach? Oft genug ist ja die Rezeption von Büchern abhängig vom Namen und Renommee des Autors...

Nachdem ich von Wolfgang Müller-Lauter den

Hinweis erhalten hatte, es handle sich bei dem Namen „Lonsbach" möglicherweise um ein Pseudonym, bemühte ich mich bei mehreren Personen und Institutionen, die ich noch nennen werde, um Auskünfte. Das Ergebnis dieser Recherchen ist zwar noch lückenhaft, kann jedoch zum Verständnis und zur Beurteilung der hier vorgelegten Schrift hilfreich sein.

Der Name Richard Maximilian Lonsbach ist das Pseudonym von Richard Maximilian Cahen. Am 11. Mai 1890 wurde Cahen in Saarlouis als Sohn jüdischer Eltern geboren. Nach dem Abitur in Köln studierte er in Freiburg, Berlin, München und Bonn Rechts- und Staatswissenschaften. 1914 promovierte er in Würzburg mit einer Dissertation über das Thema: „Die Eheschließung in den deutschen Konsularbezirken und Schutzgebieten" zum Dr. jur. Bereits 1910 veröffentlichte Cahen unter diesem seinem Namen einen ersten kleinen Gedichtband – „Erste Gedichte" – im Kommissionsverlag der Buch- und Kunsthandlung Hans Dommes in Köln und 1914 einen weiteren Gedichtband unter dem Titel „Weltfeierabend" im Saturn-Verlag zu Heidelberg. 1919 erschien im Kairos-Verlag Köln die Mai/Juni 1918 geschriebene Komödie: „Brandl"; sie wurde 1919 im Berliner „Schauspielhaus" aufgeführt. Cahen publizierte zwischen 1913 und 1919 noch andere Gedichte, Prosatexte und „Szenen", die hier nicht aufgeführt zu werden brauchen.

1916 wurde Cahen zum Militärdienst eingezogen; er hatte sich 1914 freiwillig gemeldet, war jedoch aus gesundheitlichen Gründen zurückgestellt worden. Nach der „großen Staatsprüfung“ im Jahre 1921 war er in Köln als Rechtsanwalt tätig, bis er 1933 von den Nazis Berufsverbot erhielt. Der Plan, in die USA zu emigrieren, scheiterte. Seit 1937 lebte Cahen in der Schweiz, wo er für verschiedene Zeitungen arbeitete, darunter die Neue Zürcher Zeitung. 1948 kehrte er nach Köln zurück und übte hier von 1949 bis 1965 wieder seinen Anwaltsberuf aus. Er war nicht verheiratet.

Was Cahen näherhin veranlaßt hat, sich für Nietzsche zu interessieren und nach Studien im Weimarer Nietzsche-Archiv die Schrift über Nietzsche und die Juden zu verfassen, wie er zu dem Stockholmer Bermann-Fischer Verlag in Kontakt kam und warum er unter dem Namen Lonsbach schrieb – dies alles ist nicht bekannt (zumal die ihn betreffenden Vertragsunterlagen des Verlags sehr wahrscheinlich nicht mehr existieren).

In den Jahren 1960–63 verfaßte Cahen mehrere, z. T. längere Sendungen für den Westdeutschen Rundfunk, darunter „Hörbilder“ über Theodor Herzl – „Der Armenadvokat der Juden“ –, über „Wagner und Nietzsche – die Geschichte ihrer Freundschaft“, über James Joyce sowie Funkessays (mehrmals in der bekannten, noch heute fortgeführten Reihe „Gedanken zur Zeit") zu den Themen „Kulturpessimismus und Kulturoptimismus", „Ist die Weltgeschichte zu Ende?" und „War Nietzsche ein Wegbereiter des Dritten Reiches?" Daß er für diesen Sender und auch für andere noch weitere Manuskripte verfaßte, ist durchaus möglich. Die genannten Sendungen tragen das Pseudonym.

Zu der jüdischen Gemeinde in Köln hatte Cahen keine Verbindung. Er starb am 9. Mai 1974 in Köln, wo er auch beigesetzt wurde. Sicherlich ließen sich bei intensiveren Bemühungen noch weitere Informationen über Cahen zusammentragen; mir kam es hier lediglich darauf an, den Autor „Lonsbach" wenigstens in skizzenhafter Weise vorzustellen.

Wie schon angedeutet, könnte und sollte durchaus noch ein Interesse an Lonsbachs Buch aus dem Jahre 1939 bestehen. Daß der Verfasser kein „Fachphilosoph" war, sondern ein geistig-literarisch interessierter und gebildeter Jurist, der von der Nazi-Ideologie und -Politik direkt betroffen war, macht das Buch – über seinen Beitrag zur Nietzsche-Deutung hinaus – zu einem Zeitdokument eigener Art. Daß die Nazis Nietzsche für sich beanspruchten, ist bekannt; ich verweise hier nur auf das von dem Nationalsozialisten Heinrich Härtle geschriebene Buch „Nietzsche und der Nationalsozialismus" (Zentralverlag der NSDAP, Franz Eher Nachf., München 1937) sowie auf die Untersuchung von Ernst Sandvoss „Hitler und Nietzsche" (Göttingen 1969), die, in einer seltsamen Affinität zu Härtle, kritisch mit Nietzsche abrechnet, wie es ja auch andere, darunter bekanntlich Georg Lukács, bereits getan hatten (vgl. hierzu den weiter unten genannten Aufsatz von Henning Ottmann). Ebenso bekannt und zweifellos unbestreitbar ist die Ansicht der meisten heutigen Nietzsche-Forscher, daß sich die Nazis völlig zu Unrecht auf Nietzsche (wie auf viele andere) berufen haben. Zu dieser Problematik, die hier nicht ausgebreitet werden kann, liefert das unbeachtet gebliebene Buch von Lonsbach/Cahen einen kleinen, aber, wie mir scheint, wichtigen Beitrag, indem es gerade im Jahre 1939 Nietzsche aufgrund seines Verhältnisses zu den Juden in einen eindeutigen und unmißverständlichen Gegensatz zu den Nazis rückt. Diese Intention Lonsbachs wurde damals sogleich verstanden, wie sich den Rezensionen entnehmen läßt, die noch 1939, und zwar zumeist noch vor Kriegsbeginn, außerhalb Deutschlands erschienen sind. Ich kann mich hier auf eine größere Anzahl von Besprechungen beziehen, die mir vom S. Fischer Verlag, Frankfurt, zugänglich gemacht wurden, Besprechungen in schwedischer, finnischer, niederländischer, polnischer, neuhebräischer Sprache sowie auch auf deutsch in mehreren Schweizer Zeitungen und in Emigranten-Zeitschriften in Moskau und Paris; auffälligerweise fehlen

Rezensionen in französischer Sprache, doch mag es auch solche geben. Der Tenor all dieser Rezensionen ist sehr positiv. Einige heben besonders hervor, daß Nietzsche gegenüber dem jüdischen Naturwissenschaftler Dr. Joseph Paneth Gedanken über den Wiederaufbau eines jüdischen Palästina geäußert hat! Im St. Galler Tagblatt vom 16. 10. 1939 faßt der Rezensent „S. R-lin“ sein Urteil in dem abschließenden Satz zusammen: „Die großartige Darstellungskunst, mit welcher der Verfasser die originellen Gedanken Nietzsches über die Judenfrage herausarbeitet, macht die Schrift von Lonsbach zu einer beachtenswerten Studie über den letzten großen Philosophen Deutschlands.“

Auf diesem Hintergrund darf man von Lonsbachs Buch als von einem Zeitdokument sprechen, das Historiker, Politologen, Judaisten, Religionswissenschaftler und die intellektuelle Öffentlichkeit interessieren müßte. Die Schrift verdient natürlich speziell von der Nietzsche-Forschung zur Kenntnis genommen zu werden, denn ihr Thema ist nicht nur wegen der fatalen politischen Wirkungsgeschichte Nietzsches beachtenswert, sondern auch in bezug auf Nietzsches Denken selbst, speziell im Zusammenhang mit seiner Trennung von Wagner. Wie Nietzsche die „kulturphilosophische“ bzw. die weltgeschichtliche Rolle von Griechen und Juden versteht, wird für jede Nietzsche-

Deutung ein fundamentales Problem bleiben, das auch zur eigenen Stellungnahme herausfordert. Lonsbachs Schrift wurde kürzlich von H. Ottmann in einem Aufsatz „Anti-Lukács“ im 13. Band der Nietzsche-Studien (Berlin/New York 1984, S. 579, Anm. 42) als „unüberholt für Nietzsches Stellung zum Judentum“ bezeichnet. Andererseits ist der jüngst erschienene Aufsatz von H. Ronald Cogen, „Das Judentum als Metapher des Widerspruchs bei Nietzsche“ (in: Wege des Widerspruchs. Festschrift für H. L. Goldschmidt, hg. v. W. Goetschel, J. G. Cartwright, M. Wicki. Bern/Stuttgart 1984, 149–164) ein erneuter Beleg dafür, daß Lonsbachs Studie unbekannt geblieben ist oder übergangen wird.

Mit der Neuausgabe der Lonsbach'schen Untersuchung möchte ich also einen Text wieder zugänglich machen, der es unter dem erwähnten doppelten Aspekt als Zeitdokument und als Beitrag zur Nietzsche-Deutung wert ist, in Erinnerung gebracht zu werden. Die Beurteilung der Sicht Lonsbachs (sowie auch einiger Details wie z. B. der Bemerkung über die späteren Vorbehalte Elisabeth Förster-Nietzsches gegenüber den Nazis, vgl. S. 79, Anm. 8) und die Würdigung seiner mutigen Intervention bleiben (auch) in der Nietzsche-Forschung des In- und Auslands noch nachzuholen. Es erschien mir sinnvoll, den Text der Rundfunksendung vom 26. 8. 1960 „War Nietzsche ein Wegbereiter des Dritten Reiches?" in diese Veröffentlichung aufzunehmen, weil sie zeigt, daß Cahen keinen Anlaß sah, seine Ansicht über Nietzsche und die Juden zu ändern.

Da Lonsbachs Schrift hier im fotomechanischen Nachdruck vorgelegt wird, mußten einige orthographische und Zeichenfehler in Kauf genommen werden. Zwischen dem Musarion-Text und dessen Zitation bei Lonsbach konnten nur ganz geringfügige, sachlich unwichtige Differenzen festgestellt werden. Nennenswerte Abweichungen dieser Zitate gegenüber der Ausgabe von Colli und Montinari bestehen nicht. Es bedarf jedoch der Erwähnung, daß Lonsbach mehrfach in den Texten von Nietzsche eigene Hervorhebungen vorgenommen hat. – Der Text der Sendung lag mir als Typoskript des WDR vor; offenkundige Schreibfehler habe ich korrigiert, desgleichen in einzelnen Fällen den Wortlaut der Nietzsche-Zitate.

Das Namenregister, das für diese Ausgabe erstellt wurde, berücksichtigt sowohl das Buch als auch den Text der Sendung, nicht das Nachwort.

Da ohne mannigfache Hilfe die Neuausgabe nicht zustande gekommen wäre, gilt es nunmehr, Dank zu sagen. An erster Stelle gebührt der Dank Frau Margret Kaufmann, Hamburg, für ihre freundliche Erlaubnis, das Buch und die Sendung von R. M. Lonsbach/Cahen neu herauszubringen.

Für Mitteilungen und Hinweise verschiedenster Art danke ich Herrn Prof. Dr. Wolfgang Müller-Lauter, Berlin; Herrn Prof. Dr. Helmut Müssener, Stockholm; Herrn Dr. Gottfried B. Fischer, Camaiore/Italien, und dem S. Fischer Verlag, Frankfurt; Herrn Dr. Heinz Linnerz, Westdeutscher Rundfunk, Köln; Herrn Dr. Werner Röder, Institut für Zeitgeschichte, München; Herrn Prof. Hans-Albert Walter, Hofheim/Ts., sowie der Deutschen Bibliothek, Abt. Exil-Literatur, Frankfurt, und der Rechtsanwaltskammer Köln. Dankbar möchte ich auch den Namen von Prof. Dr. Hermann Greive, Köln, erwähnen, der im Januar 1984 im Martin-Buber-Institut der Universität zu Köln einem tragischen Anschlag zum Opfer fiel.

Frau Jeannette Stickler vom S. Fischer Verlag danke ich insbesondere für die Überlassung der Rezensionen aus dem Jahre 1939, Herrn Dr. Linnerz vom WDR für die Überlassung mehrerer Funkmanuskripte von „Lonsbach“, dem Präsidenten der Rechtsanwaltskammer Köln, Herrn Dr. Heinrich Vigano, für die Möglichkeit der Einsichtnahme in einen 1949 von Cahen verfaßten Lebenslauf.

Schließlich schulde ich Frau Rita Zimmermann, der früheren wissenschaftlichen Hilfskraft am Seminar für Philosophie der Pädagogischen Fakultät der Universität Bonn, und Frau Margot Trojahn, der Sekretärin dieses Seminars, Dank für ihre vielfältige Mitarbeit.

Cahen hat sein Buch zurückhaltend einen „Versuch" genannt. Diese Kennzeichnung mindert den Wert seiner Arbeit keineswegs, denn es handelt sich um einen *gelungenen* Versuch, wie das erwähnte Presse-Echo und die Ansichten einiger, die das Buch kennen, bestätigen. Auch wenn eine neue Bearbeitung des Themas „Nietzsche und die Juden" auf der Basis der heutigen Nietzsche-Forschung nützlich wäre und erheblich ausführlicher ausfiele, behält eine kurze Beurteilung ihr Recht, die im Juli 1939 in der englischen Zeitschrift „Friends of Europe" zu lesen war und die ich noch zitieren möchte:

„The author is a serious scholar of *Nietzsche* and should not be confused with the emotional and superficial writers in Nazi-Germany who, in order to claim *Nietzsche* as a foundation father, are willing to let their imaginations run any kind of riot. *Nietzsche*, certainly, was no cause for shame in this essay, which some day, when time is ripe, may find a place in the purified scholarship of a Germany to come."

Heinz Robert Schlette

NAMENREGISTER

Im folgenden werden die in Lonsbachs Buch und dem Funk-Essay vorkommenden Namen aufgeführt; die lediglich in dem Sendetext zu findenden Namen wurden kursiv gesetzt.

Henry Walter Brann

Schopenhauer und das Judentum

1975. 120 S., Kt., DM 28,–
Abhandlungen zur Philosophie, Psychologie und Pädagogik 97
ISBN 3-416-01023-X

Ruth L. Jacobi

Heinrich Heines jüdisches Erbe

1978. 192 S., Kt., DM 36,–
Abhandlungen zur Kunst-, Musik- u. Literaturwissenschaft 243
ISBN 3-416-01371-9

Michael Landmann

Jüdische Miniaturen

Bd. 1: Messianische Metaphysik
1982., 273 S., Pp, DM 49,80
ISBN 3-416-01629-7

Bd. 2: Israelische Streitschriften und Tagebücher

1982. 258 S., Pp, DM 49,80
ISBN 3-416-01591-6

BOUVIER VERLAG HERBERT GRUNDMANN · BONN